国网浙江省电力有限公司
物资库建设指南

主编　王刘俊

副主编　陈志武　费晓明

中国电力出版社

CHINA ELECTRIC POWER PRESS

内 容 提 要

　　为规范国网浙江省电力有限公司仓储建设，制定本指南。本指南适用于国网浙江省电力有限公司各层级、各类型仓库的新建、扩建、改建项目。主要内容包括：物资库分级分类；物资库建设原则；物资库建设流程，明确物资库建设规模选址、方案设计、立项实施、安装调试、项目验收等规范流程；规模及选址，提供物资库建设规模、建设选址、建设规划等指导建议；建筑设计，提供物资库建设前期提资内容、建筑结构设计、电气设计、消防设计、给排水设计等指导建议；物资库方案设计，提供物资库整体设计、功能区设计、设备选型、信息系统设计、安防设计等指导建议；目视化建设，提供物资库标识标牌配置及制作指导建议；物资库提升建设，提供绿色仓库建设和智慧园区建设指导建议；附录A明确标识标牌制作要求；附录B给出物资库典型设计；附录C提供物资库通用设备清册。

　　本指南适用于国网浙江省电力有限公司各层级、各类型仓库的新建、扩建、改建项目，可供从事相关工作的人员参照执行。

图书在版编目（CIP）数据

国网浙江省电力有限公司物资库建设指南 ／ 王刘俊

主编 ； 陈志武， 费晓明副主编 ． -- 北京 ： 中国电力

出版社 ， 2025.7 ． -- ISBN 978-7-5239-0079-6

Ⅰ．F426.61-62

中国国家版本馆 CIP 数据核字第 2025P28S11 号

出版发行：中国电力出版社

地　　址：北京市东城区北京站西街 19 号（邮政编码 100005）

网　　址：http://www.cepp.sgcc.com.cn

责任编辑：穆智勇（010-63412336）

责任校对：黄　蓓　张晨荻

装帧设计：赵丽媛

责任印制：石　雷

印　　刷：北京九天鸿程印刷有限责任公司

版　　次：2025 年 7 月第一版

印　　次：2025 年 7 月北京第一次印刷

开　　本：787 毫米 ×1092 毫米　16 开本

印　　张：9

字　　数：158 千字

定　　价：65.00 元

前　言

本指南根据 GB/T 1.1—2020《标准化工作导则　第 1 部分：标准化文件的结构和起草规则》的要求，按照《国家电网有限公司技术标准管理办法》的规定起草。

为规范国网浙江省电力有限公司仓储建设，制定本指南。

本指南由国网浙江省电力有限公司物资部（招投标管理中心）提出并解释。

本指南由国网浙江省电力有限公司物资部归口。

本指南起草单位：国网浙江省电力有限公司、国网浙江省电力有限公司湖州供电公司。

本指南主要起草人：王刘俊、陈瑜、陈志武、费晓明、王骊、高健、王洋、杨岸涛、王树良、周明、郭静茜、闫亮、俞卓言、王旭东。

本指南为首次出版。

本指南在执行过程中的意见或建议反馈至国网浙江省电力有限公司物资部。

目 录

1　范围

　　本指南适用于国网浙江省电力有限公司各层级、各类型仓库的新建、扩建、改建项目。

　　本指南围绕物资库建设，明确了建设原则、规模选址、规划设计、建设安装、数智化建设等要求，用于指导物资库建设工作。原集体企业仓库建设可参照执行。

2 规范性引用文件

下列文件中的条款通过本标准指南的引用而成为本标准指南的条款。凡是标注日期的引用文件，其随后所有的修改版或修订版均不适用于本标准指南。

GB 50016 建筑设计防火规范

GB 50052 供配电系统设计规范

GB 50057 建筑物防雷设计规范

GB 50140 建筑灭火器配置设计规范

GB 50395 视频安防监控系统工程设计规范

GB 50974 消防给水及消防栓系统技术规范

GB 50015—2019 建筑给水排水设计标准

GB/T 50378—2019 绿色建筑评价标准

JB/T 9018—2011 自动化立体仓库 设计规范

JB/T 11269—2011 巷道堆垛起重机 安全规范

SB/T 11164—2016 绿色仓库要求与评价

3 物资库分级分类

3.1 物资库分级

根据《浙江省电力有限公司仓储网络规划》中的物资库分级，将物资库分为省周转库和市县终端库两个层级。

3.1.1 省周转库

省周转库主要负责辐射区域内检储配目录物资的集中检测、集中存储和集中配送，并负责向辐射范围内的市县终端库进行物资转储、配送。

3.1.2 市（县）终端库

市（县）终端库主要负责本单位检储配目录外物资和省周转库配送物资的暂存中转供应，并负责向需求单位提供工程领料或物资配送服务。

3.2 物资库分类

物资库可分为三类，即数字型仓库、自动型仓库和智能型仓库。

3.2.1 数字型仓库

数字型仓库为具备一定功能标准仓库的统称，配置基本的仓储、安防设施设备，应用 ERP 系统（或其他省级统一部署物资管理系统），依托物资身份码（实物 ID 或流水码）建立资源标签体系，基于移动扫码终端实现入库、出库、盘点等业务在线处理，物资身份码、容器码、仓位码三码绑定合一，应用仓位级管理系统，通过视频监控、货架安全监测等技术手段，保障现场业务安全有序运行，库存物资实物流、信息流"双流同步"，实现货位级精益管理。

3.2.2 自动型仓库

自动型仓库为具备一定功能标准仓库的统称，在数字型仓库的基础上，通过配置自动化装卸、组盘、存储、盘点装备，依托自动化设备调度控制模块和平置货位柔性分配模块，在入库、出库、在库关键作业环节中，部分环节实现"机械代人"自动化作业，选用清洁能源设备替代传统高碳排放设备，推动仓库绿色低碳运营，提升"人、设备、物料、环境、作业"等全场景要素数字化、集约化管控能力。

3.2.3　智能型仓库

智能型仓库为具备一定功能标准仓库的统称，其在自动型仓库的基础上，根据实际需求选配智能打包、拣选、装卸、盘点等设备，完成物资单元化包装、组盘、拣选等作业，由单一环节"机械代人"向多环节智能协同作业转变。建立智慧库区管理模式，应用绿色智慧库区管理模块，打破库区各子系统信息孤岛，实时收集各环节业务数据，利用仓储作业、资源利用等关键指标分析结果，监测库区运营状态，持续优化作业流程和管理策略。

4 物资库建设原则

4.1 科学建设，实用为主

物资库建设应建立在系统的调研、严谨的分析、科学的规划、高效的施工之上，以实际需求为主，兼具一定的前瞻性和创新性。

4.2 因地制宜，突出特色

应与当地电力工程建设水平和物资管理水平相适应，通过契合不同地区的体量、模式而体现出区域特色。

4.3 积极创新，控本增效

应注重新设备、新技术在仓储建设中的应用，不以高投资为着力点，重点考虑创新应用所带来的经济成效。

5　物资库建设流程

物资库建设应按照规范流程开展，共包含 5 个主要工作流程，具体如下。

5.1　规模及选址

新建物资库应综合考虑物资库定位、地理交通、管理水平等因素，做好规模确定和地理选址工作。

5.2　方案设计

物资库建设应设计为先，前期做好调研工作，在充分明确建设需求的基础上开展规划设计工作。规划设计工作需统筹各专业协同进行，保障设计方案的科学性、可靠性和完整性。

5.3　立项实施

a）方案设计工作完成后，按照物资库新建、扩建、改建不同项目类型的需求，明确物资库建设预算构成，明确费用来源和投资形式，根据不同投资形式（小型基建、技改、大修、零星购置、信息化投入等）的要求编制项目建议书，评审通过后提前一个年度申报综合计划，完成储备项目创建与提报。

b）综合计划批复后按要求编制可研报告或其他相关资料，申请立项。

c）项目立项后，根据采购要求编制技术规范书、报价清单、合同模板、评分办法、资格要求等采购资料，按照规范开展招标采购工作，根据实际工期计划保障招标采购内容按期交付。

5.4　安装调试

物资库土建建设部分工作需确保建设内容与设计内容一致，重点关注建筑结构、地面承载、强弱电预埋，应满足后续仓储软硬件设施设备的安装部署要求。物资库软硬件安装部署工作需根据施工顺序与其他建设工作协调开展，避免出现工序冲突或返工情况。安装调试工作应保障高安全性、高质量、高效率。

5.5 项目验收

物资库土建建设部分、仓储软硬件设施设备部分由相关负责建设单位统筹，并做好验收安排和验收材料的管理。

6 规模及选址

6.1 建设规模

6.1.1 占地面积

仓库的建设应遵循节约土地、集约利用的原则,根据仓库属性、储备物资类别和供应模式,考虑售电量、地域面积等因素,合理设定总体仓库规划面积。原则上省周转库、市终端库占地面积控制在 30000m² 以内,县终端库占地面积控制在 10000m² 以内。各级物资库可参照辖区售电量合理设定建设规模,见表1。

表1 仓库占地面积参考表

仓库属性	规模	所辖售电量 (亿kWh)	仓库参考占地面积(m²)
省周转库、 市终端库	大	600 以上	20000~30000
	中	300~600	15000~20000
	小	100~300	10000~15000
县终端库	大	50 以上	5000~10000
	中	20~50	3000~5000
	小	20 以下	3000

说明:参考占地面积是指各物资库对应售电量,新建、改建、扩建仓库占地面积标准,各单位可根据实际情况进行调整,原则上不得突破。对于已有和租赁的仓库,结合自身情况参照执行。

6.1.2 建筑形式

a）物资库主要建筑分为室内库房、室外料棚、配套设施用房、室外堆场等。库房类型包括单层库房、多层库房。

b）配套设施用房主要包括仓库保管人员办公室、值班室、保安监控室、消控室、微型消防站、资料档案室、会议室、工器具室、食堂、卫生间、通信设备室等。各级物资库根据自身基础条件和业务实际需要选择配置配套建筑。

6.1.3 建筑面积

各级物资库总建筑面积原则上应符合以下规定：

a）省周转库、市终端库总建筑面积不超过 10000m² ；

b）县终端库总建筑面积不超过 5000m²。

各级物资库建筑面积标准见表2。

表2 物资仓库建筑面积标准 单位：m²

区域名称	省周转库、市终端库总建筑参考面积		县终端库总建筑参考面积	
	低值	高值	低值	高值
合计	5200	12100	550	5550
室内库房	5000	10000	490	5000
室外料棚	—	1400	—	300
配套设施用房	200	700	60	250
说明： 1.室外料棚建筑面积按照投影面积计算。 2.室外堆场面积按照实际需求设置。 3.对于已有和租赁的仓库，结合自身情况参照执行。				

6.2 建设选址

6.2.1 选址收资

组织相关的物资仓储业务人员、工程技术人员和规划设计人员，依据拟新建仓库的出入库量大小和拟采用的存储技术、作业设备对仓库需占用的土地面积进行估算，调查了解拟选址所处地区的自然环境、协作条件、交通运输网络、地震、地质、水文、气象等资料，应至少包含如下内容：

a）主要指标：说明为了适应仓库作业的特点，完成仓储出入库任务，备选地点应满足的基本要求，简述各备选地址满足要求的程度。列出选址的主要指标，如仓库总占地面积、仓库存储能力、仓库职工总数、水电需用量等。

b）库区位置说明及平面图：描述四周距主要建筑物及大型设施的距离，四周的地形、地貌、地物等，并画出区域位置图。

c）当地地质、地震、气象和水文状况：描述包括备选地的地质状况、地震烈度、气温、降水量、汇水面积、历史洪水水位等。

d）交通及通信条件：描述备选地的铁路、公路、水运及通信的设施条件和可利用程度。

e）地区协作条件：描述备选地供电、供水、供暖、排水等协作关系。

6.2.2　选址要求

仓库选址应符合当地土地利用总体规划和城乡规划的要求，选择交通便利、环境适宜、基础设施和地质条件良好的地点，仓库选址应符合 GB 51157《物流建筑设计规范》的相关规定，参照《电力物资零碳仓库评价办法》和《仓储配送绿色化企业评价办法》的相关评分要求，与选址收资材料进行对比分析，通过评审确定最优选址。其中应重点关注表3所列内容。

表3　物资库选址要求表

序号	选址因素	要求	备注
1	交通运输条件	库址的位置尽量接近主干公路、铁路站场、水码头、航空港及工业园区出入口，且库区进出道路宽敞且不限行，可满足大型车辆24小时进出	库区出入口距主干公路、铁路站场、水运码头、航空港及工业园区出入口距离宜在 3km 以内，最远不大于 8km
2	水电供应条件	库址应有可靠的水源，要能满足施工和投运后作业、生活、消防用水的需要，同时要求城市的道路、通信等公共设施齐备，有充足的供电、水、热等的能力	
3	土地外形条件	应能满足库房与各种构筑物的需要，并适合按科学的仓库作业流程布置库房与构筑物	宜优先选用接近正方形和长方形的地块布局，土地的利用率更高且更利于后期的建筑和库区交通规划

序号	选址因素	要求	备注
4	环境条件	在选择库址时，应考虑存放物资的性能和周围环境是否适应	一般要求仓库周围不应存在产生腐蚀性气体、粉尘、辐射热和易燃易爆的工厂或车间，至少要处于这些单位的上风向
5	水文地质条件	库址应尽量选在工程地质、水文地质条件较好的地段。严防建在断层、岩溶、流沙层与有用矿床上和已开采的坑塌陷区及滑坡上。临近海、河地区，必须注意当年水位，不得有地下水上溢。根据仓库的规模和性质确定若干年洪水频率，一般不应在当地所遇到最高洪水水位之下。靠近山地地区，应考虑山洪暴发的危险，不应选在冲沟的位置上	含有高架存储的仓库建筑，宜选择在地质条件良好的地段

6.3 建设规划

物资仓库的规划应符合地方城乡规划的有关规定。总平面布置应遵循功能组织合理、建筑组合紧凑、资源共享的原则，有效利用地上和地下空间，合理设置消防通道、运输通道和出入口。仓库建设规划应符合 GB 50016《建筑设计防火规范》和 GB 51157《物流建筑设计规范》的相关规定，其中应重点关注表 4 所列内容。

表 4　物资库建设规划要求表

序号	规划因素	要求	备注
1	建筑高度规划	仓库建筑物宜为高度不大于 24m 的单层建筑或多层建筑	建筑高度大于 24m 的仓库定义为高层建筑，建设成本及消防要求将大幅提升
2	平面规划	对照 GB 50016 3.1 火灾危险性分类、3.2 厂房和仓库的耐火等级、3.3 厂房和仓库的层数、面积和平面布置、3.5 仓库的防火间距，确认仓库建筑规划的消防等级，及对应的最多允许层数、每座仓库的最大允许占地面积、每个防火分区的最大允许建筑面积、建筑间距	仓库内的防火分区之间必须采用防火墙分隔，防火分区的面积及隔离要求为强制性条文
3	通道及出入口规划	仓库的安全出口规划对照 GB 50016 3.8 仓库的安全疏散；仓库的消防车道规划对照 GB 50016 7.1 消防车道	
4	标高规划	参照 GB 51157 7.3.3 物流建筑场地设计标高的确定、7.3.4 物流建筑设计标高的确定，确认仓库场区和建筑的设计标高，从设计上避免内涝发生	

7 建筑设计

7.1 原则

新建物资库须完全符合《国家电网公司物资仓库标准化指导意见》和本指南的相关要求。改造仓库应充分应用现有仓库基础，结合存储物资的特点和要求，进行仓库外观、内部墙面、地面基础设施的修缮。

7.2 前期提资内容

新建、改/扩建仓库的仓储选型设计阶段，需将建筑建设相关需求明确，形成需求提资材料。材料中包含但不限于建筑结构、外观、出入口（宽度、高度等）、地面（承载、厚度、表面做法）、建筑高度、转弯半径、消防、用电、用气、用水、照明、管沟预埋等要求。

7.3 建筑结构设计

7.3.1 地面承载要求

7.3.1.1 地面承载一般要求

a）库房建筑一层地面承重原则不低于 $10t/m^2$，自动化立体仓库地坪承载需满足按货架承载货物质量及相关设备动载要求。

b）室外料棚地面结合存储物资最大地面装载载荷实际情况设计承重，原则不小于 $5t/m^2$。

c）室外露天堆场地面结合存储物资最大地面装载载荷实际情况设计承重，原则不小于 $5t/m^2$。配置龙门式起重机的轨道基础承重需根据所选型龙门式起重机轮压设计。

注：物资地面装载载荷 = 物资质量 × 堆积层数 / 物资地面投影面积。

7.3.1.2　高层立体货架地面承载要求

新建物资库规划自动化立体仓库，需要给土建设计院提供货架对地面的载荷要求。改造仓库安装高位货架时，须先评估地面承载能力。自动化立体仓库高位货架地面承载力参考值见表5。

表5　高层立体货架地面承载需求参考表

存储单元载重（kg）	货架层数	存储单元尺寸（mm×mm）	单货格货位数	单货位货架质量（kg）	集中载荷（t/m²）	平均载荷（t/m²）	地面承载参考值（t/m²）
1000	4	1200×1000	2	40	4.2	3.5	5
1000	5	1200×1000	2	40	5.2	4.3	5.5
1000	6	1200×1000	2	40	6.2	5.2	6.5
1000	7	1200×1000	2	40	7.3	6.1	7.5
1000	8	1200×1000	2	40	8.3	6.9	8.5
1000	9	1200×1000	2	40	9.4	7.8	9.5
3500	4	2000×1450	1	55	7.1	4.9	7.5
3500	5	2000×1450	1	55	7.6	6.1	8
3500	6	2000×1450	1	55	9.2	7.4	9.5
3500	7	2000×1450	1	55	10.7	8.6	11
3500	8	2000×1450	1	55	12.2	9.8	12.5
3500	9	2000×1450	1	55	13.7	11	14

说明：

1. 地面承载参考值根据初步规划的立体货架载重、层数等基础计算得出，最终地面承载需求还需根据货架结构和布局进行复核。
2. 集中载荷 =（单元载重 + 单货位货架质量）× 单货格货位数 × 层数 /2。
3. 平均载荷 =（单元载重 + 单货位货架质量）× 层数 / 存储单元托盘面积

7.3.1.3 多层建筑地面承载要求

新建物资库为多层建筑时，需要给土建设计院提供楼层地面承载要求。具体可参照如下要求：

a）楼层地面结合存储物资最大地面装载载荷实际情况设计承重，原则不小于 $0.8t/m^2$。

b）楼层地面如需部署轻型密集货架，楼面承载原则不小于 $1.2t/m^2$ 或根据实际需要确定。

c）楼层地面如需部署叉车类的较重的搬运设备，楼面承载宜大于 $3t/m^2$ 或根据实际需要确定。

7.3.2 库房大门建筑要求

新建物资库主通道大门采用电动移门。物资出入频繁的大门两侧加装防撞杆，直径 150mm，高度 1000mm，并涂刷橙色警示。

7.3.3 库房建筑要求

a）新建库房建筑物体型设计应体现简洁、经济、适用和资源节约的原则，并充分考虑节能减排、低碳环保，不宜有凸凹与错落。

b）新建库房宜采用轻型门式钢架结构，严格遵守 CECS 102:2002《门式钢架轻型钢结构技术规程》的规定设计。钢梁挠度控制，应该按照 CECS 102:2002 控制屋面坡度变化率，避免屋面积水。

c）钢结构库房建筑外墙板主体采用竖条板，板型统一，厚度不低于 0.6mm，建筑外墙自室外地面起 1.1m 高度范围采用砌体结构。

d）库房高度根据使用要求的室内净高确定，取地坪到柱轴线与斜梁轴线交点之间的高度。无吊车房屋门式钢架结构高度宜取 4.5~9m；有吊车的仓库应根据轨顶标高和吊车净空要求确定，一般宜为 9~12m。自动化立体仓库根据实际需求合理设置层高。为维修方便，设屋顶检修梯。

e）屋顶面板采用彩钢板双坡屋面，颜色为灰色，采用角弛Ⅲ，坡度取 5%~10%，屋面板两侧设外檐沟，屋面及檐沟的板缝均需填塞密封条，封堵密封胶。

f）库房大门净宽不小于 4m，高度不低于 4.2m，采用电动防火卷帘。门上均设雨篷，每边宽于门不小于 300mm，外挑 1500mm，并设小门供日常人员出入。

g）库房建筑地面统一为彩色耐磨地面。

h）配置有电动叉车或其他需充电智能设备的仓库，应设置独立充电房。原则上充电房应设置在仓库外部，采取配套防火门、火灾自动报警系统等相应的防火防爆措施。如受建设场地条件限制，确需设置在仓库内部且无法设置充电房的，除配置防火防爆措施外，还应与物资存放区域有明显的物理隔离，并设置防火隔离带。

7.3.4 多层库房建筑要求

a）多层库房的建筑应严格按照《中华人民共和国工程建设标准强制性条文》《建筑设计防火规范》《建筑结构荷载规范》《建筑抗震设计规范》《钢结构设计规范》《混凝土结构设计规范》《建筑地基基础设计规范》等国家有关规程、规范进行设计。

b）二层以上的库房应设置货梯，货梯在一层应有独立的出入口，方便使用。

7.3.5 室外料棚一般建筑要求

a）室外料棚堆场屋顶采用角弛Ⅲ型钢结构，屋顶坡度为5%~10%。

b）屋顶必须可以承受突发性的暴风雨雪，符合 GB 50009—2012《建筑结构荷载规范》的要求。同时考虑冬季积雪荷载。

c）立柱采用圆形或多边形钢铁。

d）地面应采用不吸水、易冲洗、防滑的面层材料，对物资载荷大的地面采取配筋，采用现浇混凝土垫层。地面平整，结合实际情况设计承重，原则不小于5t/m²。

7.3.6 室外露天堆场一般建筑要求

a）露天堆场平面应比周围道路高出约 50mm，周边设计排水系统，防止堆场积水。

b）露天堆场周边安装可活动的围栏围挡或设置标识线。

c）堆场地面应采用不吸水、易冲洗、防滑的面层材料，采用现浇混凝土垫层。

d）地面平整，结合实际情况设计承重，原则不小于5t/m²。露天堆场堆放荷载较大时，地坪应采取配筋地面。

e）龙门式起重机轨道采用预埋件处理。

7.3.7 道路一般建筑要求

a）库区道路宜采用混凝土路面。

b）主干道宽度可按双车道标准确定，道路转弯半径不小于9m，道路面层承重要求大于5t/m²。

c）库区可设置环形消防车道，或采取其他措施满足防火规程要求。

7.3.8 装卸平台要求

新建卸货平台，高度统一为 1.1m，宽度 4m，并加装防撞垫。

7.4　电气设计

7.4.1　电气工程

a）各级物资库需保障 24h 不断电，配置自用应急发电机。省周转库、市终端库及具备自动化立体库、自动化程度较高的县终端库需具备双电源供电，从两个不同的区域变电站引线供电，当一路电源发生故障时，仍有一路电源进行供电，保障物资库电力供应。

b）设备总功率根据实际设备配置计算。

c）智能设备充电装置应采取与库区相对独立的集中设置方式，并与仓库其他物品做好物理隔离。

d）检储配集成仓库在电源管理、布线、网络设计等方面，需充分考虑检测与试验要求，实现电气检测区域内在任意位置安装新接入设备均有电源与网络接入。针对各类型检测、试验设备，检测区域内应建设有智能电源，满足不同品类设备检测与试验用电需求。电器检测区域与物资存储、作业等区域应做好隔离，确保作业安全。

e）仓库电气工程中电源应设总闸和分闸，宜有独立的配电间或配电箱。库房电源应与道路照明、生产和生活等其他电源分闸控制。照明灯具应采用防爆灯具。各仓库照明、防雷接地系统应满足有关规程规定。

f）根据 GB 50034《建筑照明设计标准》的有关规定，仓库应配置照明系统，分为一般照明、消防应急照明两种系统。一般照明采用单电源方式供电；消防照明采用自带蓄电池的应急灯具，应急时间不小于 30min；照明和插座由不同的馈电支路供电，照明、插座配线为单相三线。

g）自动化立体仓库的天棚安装采光带，并在库内安装节能照明灯，照明标准按 GB 50034《建筑照明设计标准》的有关规定执行。

h）仓库出入口、库房外围、道路等区域需配置室外照明设施。

i）库区的疏散通道均设置事故及火灾应急照明、疏散指示及安全出口照明。

7.4.2　防雷系统

仓库必须按照 GB 50057《建筑物防雷设计规范》的有关规定，设置防雷装置。防雷设防类别应根据相关规范计算确定。防雷接闪器利用屋顶避雷带，引下线利用结构柱内主筋，接地装置利用结构基础钢筋。防雷接地系统与其他接地系统共用基础接地钢筋。

7.5 消防设计

7.5.1 消防规划

a）依据 GB 50016《建筑设计防火规范》的有关规定，合理设置库区防火间距。

b）依据 GB 50016《建筑设计防火规范》的有关规定，应根据储存物品的火灾危险分类，做好仓库防火分隔。

7.5.2 消防设施

a）仓库库区应有可靠的消防水源。独立设置消防给水管道，并按仓库消防等级需要设置消防喷淋系统。根据国家和国家电网有限公司消防有关规定要求，仓库库区中配备满足需要的消火栓、消防水池、消防管道、自动报警、自动灭火系统和灭火器材。地处防火重点地区的仓库，应当按照当地政府的有关规定设置周界防火隔离带。多层库房耐火等级不应低于二级，单层库房的耐火等级不应低于三级。

b）仓库的存储区、作业区及其他重要部位属消防安全重点部位，应当设置明显的防火标志牌；在仓库的库房中配备消火栓、防火门、消防安全疏散指示标志、应急照明、机械排烟送风各类消防器材设备和防火设施。

7.6 给排水设计

a）仓库的库区应采取有效的排水系统。市区内建设的仓库应采用地下管道排水，在郊区或山区建设的仓库可采用明渠排水。

b）仓库采用市政供水系统供水或符合 GB 5749《生活饮用水卫生标准》规定的水源供水，给水系统包括生活、生产供水系统，消防给水系统。

c）排水系统包括生活污水、生产废水、雨水排放系统。

d）卫生器具均选用节水、节能型产品。

e）按规范要求实行雨、污分流。

8 物资库方案设计

8.1 整体设计

8.1.1 布局设计

整体布局设计应兼顾科学性、实用性和美观性。在满足建筑、消防等相关规范的基础上，综合考虑物资库房布局、料棚布局、堆场布局、办公用房布局、辅助用房布局、检测用房布局、通道布局等，最大化利用园区面积，规划顺畅、合理的物流动线，有条件的可以规划园区内的人车分流。物资库整体布局设计可参考附录 B 物资库典型设计。

8.1.2 配置选型

针对数字型、自动型、智能型三种类型物资库的建设配置选型要求见表 6。

表6 物资库分类配置选型表

序号	设备分类	设备名称	数字型	自动型	智能型	主要用途	备注
1	存储容器	托盘	●	●	●	用于外形小于托盘尺寸，便于码垛的形状规则物资，配套叉车与货架进行存放、搬运	
2		防渗漏托盘	○	○	○	用于蓄电池等危废物资，配套叉车进行存放、搬运	
3		仓储笼	●	●	●	用于零散、异型小件等物资，配套叉车与货架进行存放、搬运	
4		周转箱	○	○	○	用于周转箱单元式存放的轻质小件物资	
5		巧固架	○	○	○	用于管材类、绝缘子类等长件物资，配套叉车进行存放、搬运、叠放	
6	存储设备	横梁式货架	●	●	●	用于托盘、仓储笼等存储容器的单元式存放	
7		悬臂式货架	○	○	○	用于长条状或长卷状物资存储	
8		线缆盘存储架	○	○	○	用于低压电力电缆、架空绝缘导线等线缆类物资存储	
9		搁板式货架	○	○	○	用于周转箱单元式存放或轻质、小件物资的直接存放	
10		重型托盘堆垛机立体存储货架	×	○	●	用于托盘类立体自动存储	
11		四向穿梭车立体储货架	×	○	○	用于托盘类立体自动存储	
12		全向堆高叉车存储货架	○	●	●	用于托盘类上架自动存储	

续表

序号	设备分类	设备名称	数字型	自动型	智能型	主要用途	备注
13	装卸搬运设备	平板手动推车	○	○	○	用于人工短距离搬运轻型物料	
14		液压搬运叉车	●	●	●	用于人工对轻型物资进行装卸及库内搬运	
15		电动叉车	●	●	●	用于对轻型、重型物资进行装卸及库内搬运	
16		内燃叉车	○	○	○	用于装卸较重物资和室外使用	
17		载人取货堆高车	○	○	○	用于将小件物资送到人工无法存取的高层货架	
18		起重机	○	●	●	用于大型或重型物资的吊装和搬运	
19		重型自装卸 AGV 叉车	×	○	○	用于完成室内存储区 3t 以内变压器、箱柜等重型物资从车辆车板至地面或输送线自动装卸作业	智能型仓库需三者中选择至少一项建设
20		桁架机器人	×	○	○	用于完成室内存储区 3t 以内变压器、箱柜等重型物资流车辆车板至地面/输送线装卸作业	
21		全向自装卸叉车	×	○	○	用于完成室内存储区 1t 以内较轻型物资物流车辆车板至地面/输送线装卸作业	
22		智能行车	×	●	●	用于完成室内外存储区物流车辆车板至地面/输送线装卸作业	
23		自动搬运 AGV 叉车	×	●	●	用于完成室内存储区 3t 以内物资装、卸、搬运作业	
24		背驮式 AGV	×	○	○	用于完成室内平置区物资搬运作业	
25		全向搬运叉车机器人	○	●	●	用于完成室内平置区 1t 以内物资搬运及与输送线接驳作业	

续表

序号	设备分类	设备名称	数字型	自动型	智能型	主要用途	备注
26	实物ID信息采集及盘点设备	手持移动终端	●	●	●	用于扫码，办理出入库及盘点业务	
27		射频识别门	○	●	●	用于自动识别物资RFID标签信息，办理出入库及盘点业务	
28		DWS自动扫码系统	×	○	●	用于物资自动组盘，通过采集物资尺寸、质量，扫描物资身份码、容器码实现三码绑定	
29		图像智能盘点设备	×	○	●	用于通过图像识别比对实现物资盘点	
30		重量智能盘点设备	×	○	○	用于通过质量感应比对实现物资盘点	
31		盘点无人车	×	○	○	用于室内物资自主移动扫码盘点	
32	输送与拣选设备设施	辊筒输送机	×	○	●	用于托盘单元式物资的长距离输送	
33		链式输送机	×	○	●	用于托盘单元式物资的长距离输送	
34		带式输送机	×	○	○	用于周转箱单元式小型零散物资传输，或者作为出入库的上下货平台和小件零散物资拣选平台使用	
35		线缆分拣机器人	×	×	○	用于不同规格的线缆的定制化裁剪	
36		视觉拆码垛机械手系统	×	×	○	用于对单元化包装整箱物资自动拆盘、码盘	
37		视觉无序拣选机械手系统	×	×	○	用于单元化包装物资零拣出库	
38	包装设备设施	纸箱打包贴标机器人	×	×	○	用于库内二次单元化包装	

续表

序号	设备分类	设备名称	数字型	自动型	智能型	主要用途	备注
39	包装设备设施	覆膜打包贴标机器人	×	×	○	用于库内二次单元化包装	
40	计量设备设施	地磅	●	●	●	用于室外物资验收、称重	
41		电子秤	●	●	●	用于小件物资验收、称重	
42		液压电子秤	●	●	●	用于托盘物资便捷验收、称重	
43	封样及送样设备	盲样机械臂	×	○	○	用于设备类物资检储联动自动封样	
44		协助机械臂AGV	×	○	○	用于中小件物资检储联动自动送样	
45	辅助设备设施	RFID标签打印机	●	●	●	用于按管理及业务需要制作物资身份码、容器码及仓位码标签	
46		货架倾角传感器	●	●	●	用于货架倾斜角度变化监测	

"●"代表必选项，"○"代表可选项，"×"代表不选项。

8.2 功能区设计

8.2.1 功能区组成

根据业务需要设置仓储区、作业区和办公区等配套区域。

8.2.2 仓储区设置

仓储区包括室内货架区、室内堆放区、室外料棚区、室外露天区等。其中室外料棚区按需配置。

a）室内货架区：使用货架进行物资存储的区域。

b）室内堆放区：仓库室内地面用于堆放物资的区域，适用于对保管条件有相应要求，质量大、体积大，不适宜放在货架存储的物资。

c）室外露天区：室外露天存储区域，适用于对保管条件要求不高的大型货物或集装箱货物。

d）室外料棚区：室外有棚架的存储区域，适用于不宜露天存放的大型或集装箱物资。

8.2.3 作业区设置

作业区设置包括装卸区、入库待检区、收货暂存区、不合格品区、出库暂存区、配送暂存区、仓储装备区等，按需配置理货、拣配区。

a）装卸区：用于物资交接、装卸的区域。一般规划在仓库大门外侧或内侧，方便装卸车辆通行的位置即可。物资出入频繁的物资库可设置装卸车辆等待区，用于物资交接装卸前车辆有序等待。该区需规划在装卸区前端，且与装卸区保持一定距离，不影响其他车辆通过。

b）入库待检区：用于存放已完成收货交接，尚未通过验收的物资。

c）收货暂存区：用于存放已通过验收，因各种原因尚未进入货位的物资。

d）不合格品暂存区：用于存放未通过验收、检测不合格的物资。在收货环节已完成验收操作，不合格品由供货商返厂更换。

e）出库（配送）暂存区：用于存放已办理出库手续，尚未装车配送的物资。

f）仓储装备区：用于停放仓储作业所需设备的区域，主要存放叉车、液压手推车、平板手推车、钢丝绳、篷布等装备。

g）理货区：用于装车作业前物资整理和卸车作业后物资的组盘整理。

h）拣配区：用于零散出库物资的拣选和配货，该区域设置应满足作业便利性，可多处规划。

8.2.4　库内作业通道

货架间要预留作业通道，通道尺寸与作业车辆转弯半径需相互匹配。具体要求如下：

a）搁板式货架之间采用人工拣货作业时，一般情况下通道宽度以 1~1.5m 为宜；

b）采用液压手推车、平板手推车时通道宽度以 2~2.5m 为宜；

c）采用电动托盘堆垛叉车时通道宽度以 2.8~3.3m 为宜；

d）采用平衡重式叉车时通道宽度以 4~4.5m 为宜。

8.2.5　配套区域设置

配套区域包括工作间、叉车充电间、办公区、停车区、生活设施区，自动化仓库还应设置中控室或监控室。

8.2.6　各功能区域面积

各级仓库应以年度物资出入库数据为基础，结合物资周转率，确定物资峰值库存，根据物资存储属性及外形尺寸将物资峰值库存换算成标准托盘数、室内平置占用面积、室外平置占用面积，得出货架存储区、室内平置区、室外平置区需求规划面积。

8.3　设备选型

设备选型包含以下 9 类选型情况，可参考附录 C 物资设备通用清册。

8.3.1　存储容器选型

8.3.1.1　存储容器种类及适用性

电力物资存储容器采用托盘、防渗漏托盘、仓储笼、周转箱、巧固架等。存储容器用于物资规范存储，设备说明和适用情况见表 7。

表7　存储容器种类及适用性选型表

序号	设备名称	设备说明	适用情况
1	托盘	用于集装、堆放、搬运和运输的放置作为单元负荷的物料和制品的水平平台装置	宜用于外形小于托盘尺寸、便于码垛的形状规则物资，配套叉车与货架进行存放、搬运
2	防渗漏托盘	用来将危险化学品（简称危化品）的液体盛放起来，防止影响到周边环境，同时减少危化品发生污染和泄漏的风险	宜用于蓄电池等危险废物（简称危废）类物资，配套叉车进行存放、搬运

序号	设备名称	设备说明	适用情况
3	仓储笼	用来存储或转运质量大、包装规格不一的物料，一般采用可折叠式仓储笼，可以堆叠存储，节约仓储区	宜用于零散、异形小件等物资，配套叉车与货架进行存放、搬运
4	周转箱	用于存放物品，可重复、循环使用的小型集装器具	宜用于周转箱单元式存放的轻质小件物资
5	巧固架	一种多功能、多用途的存储容器，可以根据需要加工定制，用于存储各种长件物资	用于管材类、绝缘子类等长件物资，配套叉车进行存放、搬运、叠放

8.3.1.2 存储容器基本技术参数

存储容器材质、规格等基本技术参数信息见表8。

表8 存储容器技术参数表

序号	设备名称	材质	规格
1	托盘	载重1000kg轻型托盘可采用塑料或钢制托盘，宜优先选用钢制托盘；载重3500kg重型托盘须采用钢制托盘	载重1000kg钢托盘尺寸宜为$L1200mm \times W1000mm \times H150mm$；载重3500kg钢托盘尺寸宜为$L2000mm \times W1450mm \times H200mm$；立体库托盘或有特殊需求的可采用其他非标准规格托盘
2	防渗漏托盘	聚乙烯	尺寸宜为$L1200mm \times W1000mm \times H150mm$，渗漏量应不小于10L
3	仓储笼	钢制	载重1000kg仓储笼尺寸宜为$L1200mm \times W1000mm \times H900mm$（高度含底座高度）；立体库或特殊需求可采用非标准规格仓储笼
4	周转箱	高密度聚乙烯	宜为$L600mm \times W400mm \times H280mm$；立体库或特殊需求可采用非标准规格周转箱
5	巧固架	钢制	配合货架使用建议底部尺寸规格为$1200 \times 1000mm$或$2000mm \times 1450mm$。其他特殊需求可根据物资尺寸和搬运装卸设备需求定制尺寸

注：详细介绍见附件设备清册。

8.3.2 物料存储设备选型

8.3.2.1 常规存储设备种类及适用性

电力物资常规存储设备包含横梁式货架、搁板式货架、悬臂式货架、线缆存储货架等。宜根据仓库室内库房状况及存储物料特性采用各种货架混合使用方式，设备说明和适用情况见表9。

表9　常规存储设备种类及适用性选型表

序号	设备名称	设备说明	适用物料	适用环境	适用配套设备
1	横梁式货架	由立柱、横梁等构件组成，直接由横梁承载，托盘放在横梁上，无须层板支撑	宜用于可整齐码放在托盘或仓储笼上的物资	宜安装在室内库房或室外料棚内，建筑净高度不宜低于5m	需配套叉车作为搬运设备，叉车需具有堆高功能，举升高度根据货架层高而定
2	搁板式货架	由立柱、层板等构件组成，高度不宜超过2m，以人力、手工搬运、存储及拣选作业为主	宜用于以料箱或纸箱为载体的中小件、较轻物资存储	宜安装在室内库房或室外料棚内，建筑净高度不宜低于4m	可配置轮式周转车搬运物料，将料箱或纸箱从分拣区运输至货架存储
3	悬臂式货架	由立柱、悬臂、拉杆、底座等构件组成，并由悬伸构件直接承载货物的货架	宜用于长条状或长卷状、大件和不规则物资存储，如管材类、长条形铁附件等电力物资	宜安装在室内库房或室外料棚内，建筑净高度不宜低于9m	可配置叉车搬运长物料，或是配置行车吊装搬运长物料
4	线缆存储货架	由立柱、底座、拉杆、轴杆、轴座托架等部件组成，采用全组装结构，方便电缆盘的存放	宜用于低压电力电缆、架空绝缘导线等线缆类物资的存储	宜安装在室内库房或室外料棚内。建筑净高度不宜低于9m	可配置电动电缆盘全向叉车搬运线缆类物料，或是配置行车吊装搬运线缆类物料

8.3.2.2　常规存储设备基本技术参数

常规存储设备规格、载荷、层数等基本技术参数信息见表10。

表10　常规存储设备基本技术参数表

序号	设备名称	规格	载荷	层数
1	轻型横梁式货架	货架尺寸宜选用 $L2300mm \times W1000mm$	宜采用H型钢或冷轧型钢材质，承载不宜低于1000kg	整体宜采用框架组合式，并采用两排背靠背布局，货架设计不宜低于3层
2	重型横梁式货架	货架尺寸宜选用 $L2200mm \times W1250mm$	宜采用H型钢或冷轧型钢材质，承载不宜低于3500kg	整体宜采用框架组合式，并采用两排背靠背布局，货架设计不宜低于3层

续表

序号	设备名称	规格	载荷	层数
3	搁板式货架	货架尺寸宜选用 $L2000mm \times W600mm \times H2000mm$	宜采用 H 型钢材材质,承载不宜低于 300kg/层	整体宜采用组合式结构,并采用两排背靠背布局,货架宜设计为 4 层
4	悬臂式货架	货架尺寸宜为 1000mm(臂间距)× 1000mm(单臂长)× 2000mm(高度)	宜采用 H 型钢或冷轧型钢材质,每臂承载不宜低于 1000kg	采用两排背靠背布局,货架设计立柱高度不大于 2m,层数最大 3 层。货架为层高可调的组合式结构
5	线缆盘存储货架	货架尺寸宜选用 $L3000mm \times W1500mm \times H3200mm$ 规格,每组宜包含 4 个电缆盘位	宜采用 H 型钢或冷轧型钢材质,每个轴座承载不宜低于 5000kg	宜选用框架组合式,并采用两排布局,宜设计为 2 层,上层以整存整取为主,下层根据需要,按整取或零取的不同方式选择不同的货架支撑方式

注:详细介绍见附件设备清册。

8.3.2.3 自动存储设备种类及适用性

电力物资自动存储设备包含重型托盘堆垛机立体存储货架、四向穿梭车立体存储货架、全向堆高叉车存储货架等。应根据仓库室内库房状况及存储物料特性合理配置自动存储设备,设备说明和适用情况见表 11。

表11 自动存储设备种类及适用性选型表

序号	设备名称	设备说明	适用物料	适用环境	适用配套设备
1	重型托盘堆垛机立体存储货架	主要由重型堆垛机、立体货架和控制软件组成。堆垛机是立体仓库中常用的起重运输设备,在立体货架巷道内穿梭搬运货物。可根据仓库实际布局合理配置单伸位货叉或双伸位货叉的堆垛机	宜用于托盘单元式存放的中大件物资的密集存储。物资码盘质量不宜大于 3500kg	宜安装在室内库房内。库房形状宜为长方形(长宽比大于 2,长度宜超过 60m)。建筑净高度宜高于 9m	可配套叉车、输送机等设备进行物资的接驳搬运

续表

序号	设备名称	设备说明	适用物料	适用环境	适用配套设备
2	四向穿梭车立体存储货架	主要由四向穿梭车、立体货架和控制软件组成。货架上加装有高精度导轨，导轨兼具货物输送及货物存储功能，穿梭车可以沿着货架轨道实现纵向与横向行走，完成货物在货架系统内的水平移动和存取作业	宜用于托盘单元式存放的中小件物资的密集存储。物资码盘质量不宜大于1000kg	宜安装在室内库房内。库房形状宜为方形（长宽比小于2）。建筑净高度宜高于7m	可配套叉车、输送机、提升机等设备进行物资的接驳搬运
3	全向堆高叉车存储货架	主要由全向堆高叉车机器人、横梁式货架和控制软件组成。全向堆高叉车机器人可实现整进整出、整进散出、多容器混合，极窄行驶巷道2.1m大幅提升横向空间利用率，举升高度0~8m大幅提升纵向空间利用率。同时，结合智能仓储控制软件，可实现热点库位管理、闲时智能理货，出入库效率和流量大幅提升，是一种高人效的存储拣选方案	宜用于托盘单元式存放的中小件物资的密集存储。物资码盘质量不宜大于1000kg	宜安装在室内库房内，建筑净高度宜高于5m	可搭配地面托盘位或是出入库工作站实现"托盘到人"自动搬运拣选

8.3.2.4 自动存储设备基本技术参数

自动存储设备规格、载荷、层数等基本技术参数信息见表12。

表12 自动存储设备基本技术参数表

序号	设备名称	规格	载荷	层数
1	托盘堆垛机立体存储货架	可满足 $L1200mm \times W1000mm$、$L2000mm \times W1450mm$ 等常用规格托盘单元式存放的物料	宜为 1000~3500kg	宜多于3层
2	四向穿梭车立体存储货架	可满足尺寸 $L1200mm \times W1000mm$ 常用规格托盘单元式存放的物料	宜为 1000kg	宜多于3层
3	全向堆高叉车存储货架	可满足尺寸 $L1200mm \times W1000mm$ 常用规格托盘单元式存放的物料	宜为 1000kg	宜多于3层

注：详细介绍及效率说明见附件设备清册。

8.3.3 装卸搬运设备选型

8.3.3.1 常规装卸搬运设备种类及适用性

电力物资常规装卸搬运设备包含平板手动推车、液压搬运叉车、电动叉车、内燃叉车、载人取货堆高车、起重机等。可结合存储物资类型及库存量配置不同常规装卸搬运设备，设备说明和适用情况见表13。

表13 常规装卸搬运设备种类及适用性选型表

序号	设备名称	设备说明	适用情况
1	平板手动推车	带扶手方便手动搬运	宜用于人工短距离搬运轻型物料
2	液压搬运叉车	分为手动和电动液压搬运车，除了具有托运货物的功能外，车底盘与轮之间带有液压装置，方便货物起降	宜用于短距离搬运较重型物料
3	电动叉车	对环境比较好，低噪声，无尾气排放	宜用于室内成件托盘货物进行装卸、堆垛和短距离运输作业
4	内燃叉车	具有很强的爬坡能力与地面适应能力	考虑到尾气排放和噪声问题，宜用于室外成件托盘货物进行装卸、堆垛和短距离运输作业
5	载人取货堆高车	配合高层货架的使用，在一定程度上能代替叉车使用	宜用于将小件物资送到人工无法存取的高层货架
6	起重机	分为桥式起重机和门式起重机，具有载质量大的特点	宜用于大型或重型物资的吊装和搬运

8.3.3.2 常规装卸搬运设备基本技术参数

常规装卸搬运设备基本技术参数见表14。

表14 常规装卸搬运设备基本技术参数表

序号	设备名称	规格
1	平板手动推车	载重宜为 100~500kg
2	液压搬运叉车	载重宜为 2000~3000kg
3	电动叉车	载重宜为 1500~3000kg
4	内燃叉车	载重宜为 3000~5000kg

续表

序号	设备名称	规格
5	载人取货堆高车	宜选用站驾式；载重宜为 500~1500kg； 提升高度宜为 2.5~6m
6	起重机	具备安装条件的室内库房，起吊质量宜大于 5t； 库房外新增行车起吊质量宜为 10~20t

注：详细介绍见附件设备清册。

8.3.3.3　自动装卸搬运设备种类及适用性

电力物资自动装卸搬运设备包含重型自装卸叉车、全向自装卸叉车、桁架机器人、全向自装卸叉车、智能行车、自动搬运 AGV 叉车、背驼式 AGV、全向搬运叉车机器人等。可结合存储物资类型及作业量合理配置自动装卸搬运设备，设备说明和适用情况见表 15。

表15　自动装卸搬运设备种类及适用性选型表

序号	设备名称	设备说明	适用情况
1	重型自装卸叉车	由平衡重叉车本体、自动识别装置等组成，具备自动识别物资坐标、自动导航、自动叉取物资的功能	宜用于 3t 以内变压器、箱柜等重型物资从车辆车板至地面或输送线自动装卸作业
2	桁架机器人	由桁架机器人行走轴、自适应夹取装置、自动识别装置等组成，可以精确识别并叉取物资	宜用于 2t 以内变压器、箱柜等物资从车辆车板至地面或输送线自动装卸作业
3	全向自装卸叉车	由全向堆高叉车本体、自动识别装置等组成，具备自动识别物资坐标、自动导航、自动叉取物资的功能	宜用于 1t 以内较轻型物资从车辆车板至地面或输送线自动装卸作业
4	智能行车	由行车本体、自动识别装置、自动夹具等组成，可以自动识别并吊装大件重型物资	宜用于电力电缆、架空绝缘导线、箱式变电站、环网箱等重型物资自动化装卸搬运
5	自动搬运 AGV 叉车	由叉车本体、自动导航装置等组成，可以点对点自动搬运托盘单元式存储的物资	宜用于 3.5t 以内托盘单元式存储从地面至输送线自动搬运作业
6	背驼式 AGV	由 AGV 小车本体、导航装置、顶升装置等组成，可以点对点自动顶升搬运托盘单元式存储或定制顶升轻型货架存储的物资	宜用于室内平置区 1t 以内轻型物资搬运作业

续表

序号	设备名称	设备说明	适用情况
7	全向搬运叉车机器人	由全向搬运叉车本体、自动导航装置等组成，可以点对点自动搬运托盘单元式存储的物资	宜用于完成室内平置区1t以内物资搬运及与输送线接驳作业

8.3.3.4 自动装卸搬运设备基本技术参数

自动装卸搬运设备基本技术参数见表16。

表16 自动装卸搬运设备基本技术参数表

序号	设备名称	规格
1	重型自装卸叉车	载重宜采用3000kg
2	桁架机器人	载重宜采用2000kg
3	全向自装卸叉车	载重宜采用1000kg
4	智能行车	具备安装条件的室内库房，起吊质量宜大于5t；库房外新增行车起吊质量宜为10~20t
5	自动搬运AGV叉车	载重宜采用3500kg
6	背驼式AGV	载重宜采用1000kg
7	全向搬运叉车机器人	载重宜采用1000kg

注：详细介绍及效率说明见附件设备清册。

8.3.4 实物ID信息采集与盘点设备选型

8.3.4.1 常规信息采集与盘点设备种类及适用性

电力物资常规信息采集和盘点设备宜采用手持终端。手持终端宜用于人工对物资条码进行扫描，办理出入库及盘点业务。

8.3.4.2 常规信息采集与盘点设备基本技术参数

手持终端宜支持条形码、二维码、RFID等多种类型条码识读。

8.3.4.3 自动信息采集与盘点设备种类及适用性

电力物资自动信息采集与盘点设备包含射频识别门、DWS自动扫码系统、图像智能盘点设备、质量智能盘点设备、盘点无人车等。自动信息采集与盘点设备宜用于自主扫码盘点，设备说明和适用情况见表17。

表17　自动信息采集与盘点设备种类及适用性选型表

序号	设备名称	设备说明	适用情况
1	射频识别门	通过无线射频信号实现非接触方式下的对目标对象的RFID标签信息进行批量识别	宜用于自动识别物资RFID标签信息，办理出入库及盘点业务
2	DWS自动扫码系统	系统包括固定机构、输送线和扫码机构，其中，扫码机构用于物资身份码、容器码自动扫码和关联绑定。在辊筒输送带同侧安装多个CCD图像识别摄像头和RFID识别装置，当输送线将物资输送至扫描区时，光电传感器感应触发扫码装置工作，完成自动组盘作业	宜用于物资自动组盘，通过采集物资尺寸、质量，扫描物资身份码、容器码，实现三码绑定
3	图像智能盘点设备	通过对仓库行车、堆垛机等物流设备加装智能高清摄像头，通过前端摄像头自动收集库区物资上的图像信息，对历史图像数据信息比对分析，统计生成盘点报告，辅助工作人员完成物资盘点工作	宜用于通过图像识别比对实现物资盘点
4	质量智能盘点设备	建立库区仓位、存储容器、物资与质量之间的关联规则，对仓库内叉车、输送线加装高精度质量传感器，通过比对物资在库前后质量差异，确认物资身份、数量等信息，统计生成盘点报告	宜用于通过质量感应比对实现物资盘点
5	盘点无人车	由信息采集装置和自动导引车等组成，自动采集、识别物资身份码、容器码、货位等和物资特征信息，快速获取物资身份、数量、货位等存储信息，对数据信息进行归类整理、比对分析，准确快速地生成物资盘点报告	宜用于室内物资自主移动扫码盘点

8.3.4.4　自动信息采集与盘点设备基本技术参数

自动信息采集与盘点设备基本技术参数见表18。

表18　自动信息采集与盘点设备技术参数表

序号	设备名称	规格
1	射频识别门	宜能至少满足整托盘单元上所有物资的RFID标签的自动批量识读
2	DWS自动扫码系统	宜能满足一维码、二维码及RFID标签的自动扫描
3	图像智能盘点设备	宜能采用图像识别算法比对物资图像特征向量，实现自动盘点
4	质量智能盘点设备	宜在叉车或者输送线改造增加质量传感器比对物资质量特征，实现自动盘点
5	盘点无人车	宜能采用图像识别、条码识别等技术实现物资身份码、容器码等特征信息

注：详细介绍见附件设备清册。

8.3.5 输送与拣选设备选型

8.3.5.1 自动输送设备种类及适用性

电力物资自动输送设备包含辊筒输送机、链式输送机和带式输送机等。输送设备用于托盘单元式和周转箱单元式物资的传送作业，设备说明和适用情况见表19。

表19 自动输送设备种类及适用性选型表

序号	设备名称	设备说明	适用情况
1	辊筒输送机	由辊子、机架、支架、驱动部分等组成，能够输送单件质量很大的物料，或承受较大的冲击载荷	宜用于托盘单元式物资的长距离输送，多向输送可配套链式输送机实现横向和纵向输送
2	链式输送机	由链条、机架、支架、驱动部分等组成，链条上的滚子与轨道是以滚动接触，摩擦阻力小，动力损耗低，且可承载较重的荷重	宜用于托盘单元式物资的长距离输送，多向输送可配套辊筒输送机实现横向和纵向输送
3	带式输送机	由输送带、张紧滚筒、机架、支架、驱动部分等组成，能够长距离快速连续输送物资	宜用于周转箱单元式小型零散物资传输，或者作为出入库的上下货平台和小件零散物资拣选平台使用

8.3.5.2 自动输送设备基本技术参数

自动输送设备输送长度、输送速度等基本技术参数信息见表20。

表20 自动输送设备技术参数表

序号	设备名称	输送长度	载重	输送速度
1	辊筒输送机	单段输送长度不宜超过5m	载重宜为1000~3500kg，具体依照立体货架设计承载而定	不宜超过12m/min
2	链式输送机	单段输送长度不宜超过5m	载重宜为1000~3500kg，具体依照立体货架设计承载而定	不宜超过12m/min
3	带式输送机	单段输送长度不宜超过6m	载重宜高于50kg，具体依照立体货架设计承载而定	不宜超过36m/min

注：详细介绍见附件设备清册。

8.3.5.3 自动拣选设备种类及适用性

电力物资自动拣选设备包含线缆分拣机器人、视觉拆码垛机械手系统和视觉无序拣选机械手系统等。自动拣选设备用于对线缆定制化裁剪、单元化包装整箱物资及单元化包装小件物资自动拆零拣选，设备说明和适用情况见表21。

表21 自动拣选设备种类及适用性选型表

序号	设备名称	设备说明	适用情况
1	线缆分拣机器人	集线缆自动放线、排线、收线、计米、剪切于一体，解决重型线缆分切出库时，传统人工作业存在的劳动强度高、线缆盘破坏程度大、安全不可控等问题	宜用于不同规格线缆的定制化裁剪
2	视觉拆码垛机械手系统	由视觉识别系统、夹具快换系统、机械手本体等部分组成，按设定程序、轨迹和要求进行自动抓取、搬运和操作	宜用于对单元化包装整箱物资自动拆盘、码盘
3	视觉无序拣选机械手系统	由视觉系统、吸具快换系统、机械手本体等组成，可根据拣选物料属性自动更换吸取、夹取、磁吸等夹具	宜用于单元化包装小件物资自动拆零拣选

8.3.5.4 自动拣选设备基本技术参数

自动拣选设备基本技术参数见表22。

表22 自动拣选设备技术参数表

序号	设备名称	规格
1	线缆分拣机器人	宜能适应盘径范围1250~2800mm、盘宽950~2100mm、电缆直径20~100mm的线缆的自动复绕、剪切
2	视觉拆码垛机械手系统	负载宜高于60kg；机械臂轴数宜为4轴或6轴
3	视觉无序拣选机械手系统	负载宜高于15kg；拣选作业的对象长、宽、高尺寸范围宜在30~300mm，质量范围宜在5~15kg

注：详细介绍见附件设备清册。

8.3.6 包装设备选型

8.3.6.1 包装设备种类及适用性

包装设备采用纸箱打包贴标机器人、覆膜打包贴标机器人等。包装设备用于库内二次单元化包装，设备说明和适用情况见表23。

表23 包装设备种类及适用性选型表

序号	设备名称	设备说明	适用情况
1	纸箱打包贴标机器人	纸箱打包贴标机器人可自动完成开箱、成形、下底折页折曲、上盖自动折入、封箱、贴标等一系列动作。该系统可将叠成纸板的箱板自动打开，箱子底部按一定程序折合并用胶带密封后输送至组盘系统的专用设备	宜用于按照单元化包装要求，采用纸箱形式完成对入库物资二次包装作业

序号	设备名称	设备说明	适用情况
2	覆膜打包贴标机器人	覆膜打包贴标机器人自动实现托盘四周缠膜及顶部覆膜，通过全自动转台实现在线式作业，适应自动化流水作业的需求	宜用于按照单元化包装要求，采用托盘缠绕膜形式完成对出库物资的二次包装作业

8.3.6.2 包装设备基本技术参数

包装设备基本技术参数见表24。

表24 包装设备技术参数表

序号	设备名称	规格
1	纸箱打包贴标机器人	宜能适应长、宽、高尺寸在600mm以内的各种规格的纸箱
2	覆膜打包贴标机器人	适用托盘尺寸宜至少包括1200mm×1000mm

注：详细介绍见附件设备清册。

8.3.7 计重计量设备选型

8.3.7.1 计重计量设备种类及适用性

电力物资计重计量设备采用地磅、电子台秤、液压电子秤等。计重计量设备用于物资验收、称重，设备说明和适用情况见表25。

表25 计重计量设备种类及适用性选型表

序号	设备名称	设备说明	适用情况
1	地磅	主要由承重传力机构(秤体)、高精度称重传感器、称重显示仪表等组成，也被称为汽车衡，设置在地面上的大磅秤，通常用来称量卡车的载货吨数	宜用于室外物资验收、称重，需要将载货车辆和所载物料一同称重
2	电子台秤	由秤体、立杆和显示仪表共同组成的衡器，可移动作业	宜用于小件物资验收、称重
3	液压叉车电子秤	由液压叉车、称体和显示仪表组成，是搬运和称重同时作业的电子秤	宜用于托盘单元式存放的物资便捷验收、称重

8.3.7.2 计重计量设备基本技术参数

计重计量设备基本技术参数见表26。

表26　计重计量设备技术参数表

序号	设备名称	量程
1	地磅	宜为 0~50t
2	电子台秤	宜为 0~100kg
3	液压叉车电子秤	宜为 0~2t

8.3.8　封样及送样设备选型

8.3.8.1　封样及送样设备种类及适用性

封样及送样设备采用盲样机械臂、协助机械臂 AGV 等。封样及送样设备用于物资抽检自动制盲样、仓储区域至检测区域间的自动送样，设备说明和适用情况见表27。

表27　封样及送样设备种类及适用性选型表

序号	设备名称	设备说明	适用情况
1	盲样机械臂	针对设备类物资，在立体库输送线配置盲样机械臂，抽检物资自动下架至盲样工位，系统自动接收盲样任务后根据视觉识别出的铭牌位置，机械手自动去吸取标签纸并覆盖在识别的铭牌上，同时可借助搬运 AGV 叉车自动转运至对应样品暂存区，实现取样、封样、送样的全过程无人化作业，保证样品的真实性、唯一性和封样规范性	宜用于设备类物资检储联动自动封样
2	协助机械臂 AGV	针对材料类物资，在抽检区建设盲样制作区，人工将盲样制作后放置于盲样盒中（尺寸可根据检测需求定制），由协作机器人 AGV 拿取并搬运至对应的检测工位	宜用于中小件物资检储联动自动送样

8.3.8.2　封样及送样设备基本技术参数

封样及送样设备基本技术参数见表28。

表28　计重计量设备技术参数表

序号	设备名称	规格
1	盲样机械臂	用于设备类物资封样，机械臂负载宜大于 12kg；宜具备视觉技术，准确识别物资铭牌位置
2	协助机械臂 AGV	用于材料类样品送样返样，机械臂负载宜大于 15kg

8.3.9 辅助设备设施选型

8.3.9.1 种类及适用性

RFID 标签打印机和货架倾角传感器是物资仓库内比较重要的辅助设备设施，标签打印机用于按管理及业务需要制作物资身份码、容器码及仓位码标签，货架倾角传感器用于监测货架倾斜角度变化，设备说明和适用情况见表29。

表29 辅助设备设施种类及适用性选型表

序号	设备名称	设备说明	适用情况
1	RFID 标签打印机	RFID 标签打印机是一种特殊的打印设备，它不仅能够像普通的标签打印机那样在标签上打印文字、图案等信息，还能够将 RFID 芯片的数据写入标签中	宜用于按管理及业务需要制作物资身份码、容器码及仓位码标签
2	货架倾角传感器	通过物联网倾角传感器，将传感器四角固定在货架重点监测区域，全方位监测货架的角度变化，对于存在倾翻可能性的货架进行预警，及时发现形变货架	宜用于货架倾斜角度变化监测

8.3.9.2 辅助设备设施基本技术参数

辅助设备设施基本技术参数见表30。

表30 辅助设备设施技术参数表

序号	设备名称	规格
1	RFID 标签打印机	宜能制作条形码、二维码、RFID 标签多种形式的标签
2	货架倾角传感器	货架倾斜检测精度宜达到 ±0.5°

8.4 信息系统设计

8.4.1 信息系统硬件配置

a）服务器配置：仓库信息系统服务器宜采用小型机，应用服务器与数据库服务器宜分开部署，应用服务器和数据库服务器宜进行双机热备用。

b）数据备份配置：系统备份分为数据库备份和文件系统备份。数据库备份采用在线全备 +redo log 备份机制；文件系统备份采用目录备份机制，使用磁带库作为备份介质，保证数据的安全性。数据库应每天备份，文件系统应每周备份一次。

c）网络通信：仓库系统应搭建在公司信息内网环境中，光纤接入，原则上带宽不小于 200M（具体根据仓库需配置的管理系统、自动化设备系统、智慧园区系统的网络通信需求确定）。仓库管理系统宜与 ERP 系统实现实时信息接口，并能达到与 PDA、平板电脑、自动化设备系统（硬件）、智能化仓储设备等现代物流系统的实时通信。配套智能化设备及相关服务宜部署在局域专网或 5G 专网，通过安全隔离装置与 EWMS 系统进行数据交互。

8.4.2 信息系统软件配置

a）信息系统软件应具备入库管理、出库管理、在库管理等基本功能。其中，入库管理包括接收入库、货位分配等管理；出库管理包括订单管理、拣选管理、装车管理等功能；在库管理包括盘点管理、货位调整管理等。

b）仓库应用的信息系统应具备数据统计与分析功能，实现对业务分析的有效支撑。

c）应制定统一的接口规范，可支持多种规格智能设备控制系统接入，如手持终端 PDA、无线射频设备 RFID、定位设备 GPS、智能调度设备 WCS 等。通过信息系统对智能化设备的统一管理调度，强化统一调度和业务协同。

d）软件接口主要包括与 ERP、EIP、ELP、ECP、E 物资、ESC 等系统交互各种主数据、库存信息、业务单据、单据执行结果等内容的接口，以及与自动化设备系统（硬件）、智能化仓储设备等现代物流系统交互各项控制指令、指令执行结果等内容的接口，系统接口应符合相关技术规范。

e）软件接口设计原则应符合共享性、安全性、可扩充性、兼容性和统一性的要求，对同类系统应统一接口规范，并支持多个异构系统和数据源之间的数据交换。

8.5 安防设计

8.5.1 视频监控系统

仓库部署安装视频监控系统，摄像头覆盖全部室内库房、作业通道、出入口、露天堆场和仓库道路，实现监控全覆盖，无死角。设置高清晰度监视摄像头，来满足安保人员对指定区域内人员活动的即时监视和历史监视查询，条件允许可与远程公安监管系统联网。具体须满足如下要求：

a）仓库出入口监控：在仓库园区出入口、库房出入口及其他重要区域的出入口安装高清网络摄像机。

b）仓库道路监控：在园区主通道的关键部位安装高清网络摄像机，满足全天候无死角 24 h 监控。

c）仓库存储作业区域监控：包含室内库房、室外料棚及露天堆场内部的作业通道、仓储功能区、平置存储区、货架存储区的监控。所有作业通道宜布置相对射的高清网络摄像机实现实时无死角监控；仓储功能区按照区域划线的划分单独布置高清网络摄像机实现实时无死角监控；平置存储区的所有仓位区域应实现监控全覆盖；对货架存储区的货格、巷道、传送通道等重要设施宜进行视频监控，监测物资及设备的状态。

d）仓库周界安防监控：仓库园区周界围墙的关键部位部署高清网络摄像机，配合电子围栏系统，实现园区周界安防的智能监控。

8.5.2　红外报警系统

红外报警系统主要应用于室内仓库的防盗。在安放红外探头且布置安防区域后，一旦库区内有任何人员走动，都会立即以声音、灯光、短信息、电话等方式通知安保人员。红外报警系统宜具有分时控制、自动布撤防的功能，可分时分区自动进行设防和撤防，还具有防破坏功能，信号的短、断路或电源切断均会发出报警信号。

8.5.3　电子围栏系统

电子围栏系统应用于仓库库区的边界防御，在有任何超过规定体积的物体通过电子围栏的防护时都会触发报警机关。根据安装位置合理选择电子脉冲式、红外对射式电子围栏，配套电子围栏主机、声光报警器等设备，实现对库区的周界进行智能监视。周界安防具备撤布防功能，如有非法人员想翻越围墙入侵，电子围栏可产生高压脉冲电阻止非法人员继续攀爬；当非法人员继续攀爬触碰到电子围栏时，声光报警器报警，使仓库管理人员明确报警位置，便于管理人员巡视。同时，系统可联动被侵犯区域灯光照射及监控摄像头记录，该段录像永久保存，为后续处理提供有力的证据。

8.5.4　电子巡检系统

仓库宜配置电子巡检系统或具备相关功能的系统，巡检点设置于仓库重点部位，实现对巡检信息的自动准确记录。

9 目视化建设

标识标牌应遵循"规范统一、勤俭节约、防范风险、一贯到底"原则。对于本指南中不包括但是目前仍在使用的，应淘汰后不再重新制作。有条件的物资库可使用广告机、数字化显示屏展示标识标牌。标识标牌应用覆盖仓库所有区域，主要分为室外、室内、办公区、标签等4类35个项目。具体可参考附录A标识标牌制作要求。

9.1 室外标识标牌

室外标识标牌包含仓库铭牌、库区指引牌、仓库总体布局图等14类项目，仓库室外标识标牌配置可参考表31，室外标牌详细制作要求及示例见附录A。

表31 室外标识标牌配置参考表

序号	名称	配置建议
1	仓库铭牌	必做
2	库区引导牌	可选（分为多个库区，包括库房、料棚、堆场等为必做）
3	仓库总体布局图	可选（分为多个库区，包括库房、料棚、堆场等为必做）
4	区域标识牌	必做
5	区域标线	必做
6	停车场标识牌	必做
7	步行横道线标识	必做
8	道路指示标识	必做
9	道路箭头标识	必做
10	企业文化栏	必做
11	仓库禁止标识	必做

续表

序号	名称	配置建议
12	仓库警示标识	必做
13	库房编号牌	可选（2个库房之上必做）
14	料棚、堆场编号牌	可选（有料棚、堆场必做）

9.2 室内标识标牌

室内标识标牌包含仓库内部定置图、区域标识牌、区域隔离带、货架编码牌等12类项目，仓库室内标识标牌配置可参考表32，室内标牌详细制作要求及示例见附录A。

表32 室内标识标牌配置参考表

序号	名称	配置建议
1	仓库内部定置图	必做（分区复杂）
2	区域标识牌	必做（分区复杂）
3	区域隔离带	必做
4	货架编码牌	必做
5	管理制度及流程展示牌	必做
6	仓库安全及门牌标识	必做
7	地面区域标线	必做
8	道路指示牌标识	必做
9	作业通道地面标识	必做
10	人行通道标识	必做
11	消防设施标识	必做
12	消防设施禁止堆放地面标识	必做

9.3 仓位物料标签

仓位物料标签包含仓位标签、存储单元标签、物料/物资身份码标签、物料卡等4类项目，仓位物料标签配置可参考表33，仓位物料标签制作要求及示例见附录A。

表33 仓位物料标签配置参考表

序号	名称	配置建议
1	仓位标签	可选（实施 WM 和使用手持终端或扫描枪需使用含有条形码的仓位标签，未实施 WM 的但仓位结构复杂的可选择使用无条形码的仓位标签）
2	存储单元标签	可选（实施 WM 和使用手持终端或扫描枪需使用含有条形码的存储单位标签，未实施 WM 的但存储单元结构复杂的可选择使用无条形码的存储单元标签）
3	物料 / 物资身份码标签	必做（实施 WM 和使用手持终端或扫描枪）
4	物料卡片	必做（未实施 WM、未使用手持终端或扫描枪）

9.4 办公区标识牌

办公区标识牌包含门牌、岗位牌、办公区内展板、仓库门楣和防撞栏、安全帽等5 类项目，办公区标识牌配置可参考表 34，办公区标识牌制作要求及示例见附录 A。

表34 办公区标识牌配置参考表

序号	名称	配置建议
1	门牌	必做（办公房间两个之上）
2	岗位牌	必做
3	办公区内展板	必做
4	仓库门楣和防撞栏	可选（办公区为玻璃门的为必做）
5	安全帽	必做

10 物资库提升建设

10.1 绿色仓库建设

绿色仓库建设主要通过光伏系统、势能回收、储能系统、暖通节能系统、节能照明系统、绿色能耗监管、零碳驾驶舱系统等，降低仓库碳排，提升园区低碳运营水平。

10.1.1 光伏系统

在园区库房屋顶区域、车棚区域或其他可利用区域，建设分布式光伏发电系统，通过光伏板将光能转化为电能，作为园区用能补充（自动化设备、办公照明用电等），加强清洁能源利用。有条件的仓库可将光伏发电存储于储能站中，没有储能站的仓库可将光伏发电并网，即采用与主干网并网的方式建设光伏电站，将主干网作为功率调节池，实现有效的发电可控。

10.1.2 储能系统

储能建设应采用锂电池储能，锂电池储能材料体系以磷酸铁锂为主，电池向大容量方向持续演进。根据工信部要求，储能型电池能量密度应大于145Wh/kg，电池组能量密度应大于110Wh/kg。循环寿命高于5000次且容量保持率超过80%。

10.1.3 势能回收

建设堆垛机立体库、智能行车的仓库，可根据实际情况建设势能回收系统，将设备运行过程中的重力势能转化为电能，优先自身配套设备使用，多余电量汇入储能站。

10.1.4 暖通节能系统

建设暖通节能集控系统，实现远程监控，查看系统运行状况、分区域控制管理，有效解决空调系统冷量输配过剩、机组能耗高、系统综合能效比过剩等问题，实现空调系统实时监测、智能控制能耗分析和优化管理。

10.1.5 节能照明系统

采用物联网技术对照明进行改造，建设集采集、感知、控制的无线传感网络和照明管理软件控制模块，形成照明管控系统，通过各种丰富的策略设定，包括时间策略、场景策略、分组策略、控制模式策略，实现照明的自适应控制和集中控制，实现照明智慧化，杜绝"灯污染""光污染"，打造舒适、绿色的照明环境。

10.1.6 绿色能耗监管系统

绿色能耗监管系统是指应用智能化集成系统技术，对建筑内各用能设备设施的能耗信息进行采集、显示、分析、诊断、维护、控制及优化管理，通过资源整合形成具有实时性、全局性和系统性的能效综合职能管理功能的系统。

10.1.7 零碳驾驶舱

在绿色能耗监管系统的基础上，搭建基于数字孪生的零碳驾驶舱，实现各种智能设备统一接入、统一管理、统一运营，利用大数据和机器学习对管理数据、能耗数据、碳排数据等进行分析，优化仓库能耗结构，辅助仓库管理人员的决策分析，实现降本增效。

10.2 智慧园区建设

智能园区建设主要包括智能门禁、智能监控、智能指引、智能消防等内容。

10.2.1 智能门禁

10.2.1.1 车辆道闸

在仓库出入库口安装车牌识别专用摄像机，摄像机镜头指向车道前方对准车牌，用于实时识别车号，并监控车辆进出画面中，长期保存。

10.2.1.2 人脸识别门禁

出入口配置人脸识别门禁，并结合访客管理系统实现人员信息自动识别，人员信息及图片记录保存。

10.2.2 智能监控

可在重点区域配置 AI 智能识别摄像头，对非法闯入、库区吸烟、未戴安全帽、火灾等自动识别报警。

10.2.3 智能指引

基于定位技术及可视化平台技术，建立仓库电子导航地图，全面展现仓库道路和作业通道实时的交通状况，结合库区内的车辆信息、作业信息等，授予其访问权限，为车辆规划合理交通路线，通过库内交通看板指引车辆到达指定装卸工位，规范仓库物流动向，减少车辆堵塞，提高作业流畅性，并保证库区安全。

10.2.4 智能消防

1）火灾自动报警系统监测：可通过报警数据中心对火灾报警信息进行集中监督、管理、统计、分析、展示。

2）消防水系统监测：可通过部署物联传感器，对消火栓管网压力状态、喷淋管网水压状态、消防水箱/水池液位状态等进行监测，以便及时发现消防水系统的异常，通知维保单位尽快检修，避免出现火灾发生时无水救援等情况。

3）电气火灾监测：可利用电气火灾探测器、剩余电流互感器和温度传感器对各类电气系统的运行温度、配电箱温度、漏电流情况、配电箱温度等进行实时监测与管理，及时发现和处理各类电气火灾隐患，减少各类建筑电气短路、过流、过载等导致的火灾发生概率。

附录 A　标识标牌制作要求

A.1　室外标识标牌

A.1.1　仓库铭牌

规　　格：600mm×400mm×20mm，可根据实际情况按比例放大至900mm× 600mm×20mm。

材　　质：壁厚不小于1.2mm不锈钢板腐蚀浊刻上色，表面拉丝，氨基烤漆，侧面洗槽折边处理。

安　　装：不锈钢管固定上墙，扣上铭牌，上下螺钉固定，结构胶密封四周。

安装位置：设置在仓库办公场所进门醒目位置，用灰色墙体悬挂铭牌。

示　　例：见图 A.1。

图 A.1　仓库铭牌

A.1.2　库区引导牌

规　　　格：宽 660mm、高 1500mm（可按照场地情况按比例缩放）。

材　　　质：不锈钢腐蚀烤漆工艺双面，侧厚 3~6cm。

安装位置：大门入口醒目处设置库区引导牌，宜采用竖立固定放置形式，分别注明不同库区、办公室的名称和方向。

示　　　例：见图 A.2。

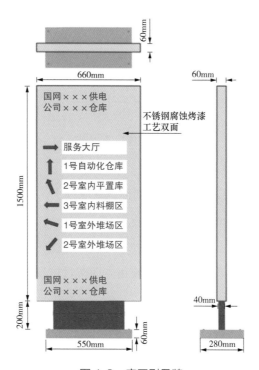

图 A.2　库区引导牌

A.1.3　仓库总体布局图

规　　　格：不小于 1000×600mm。

材　　　质：铝板。

颜色搭配：各区域建议颜色：库房，PANTONE 3278C 绿色；货棚，PANTONE 186C 红色；堆场，PANTONE 109C 黄色；办公区，PANTONE 151C 深黄色。

安装位置：宜竖立在醒目位置。

示　　　例：见图 A.3。

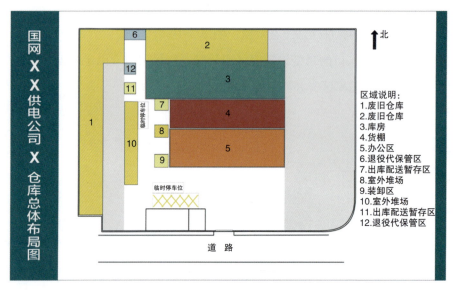

图 A.3　仓库总体布局图

A.1.4　区域标识牌（立牌标识或地面标识或墙标）

规　　格：不小于 400mm×300mm。

材　　质：铝板，厚度 3mm。

安装位置：区域标识名称应设置在区域正立面醒目位置。

示　　例：见图 A.4。

图 A.4　区域标识牌

A.1.5 区域标线

规　　格：线宽 100mm。

材　　质：喷漆。

颜　　色：Pantone 3945C 黄色。

示　　例：见图 A.5。

图 A.5 区域标线

A.1.6 停车场标识牌

规　　格：700mm × 1900mm（可按照场地情况按比例缩放）。

材　　质：不锈钢汽车烤漆工艺反光膜字，双面总厚度 12cm。

安装位置：停车场入口醒目处。

示　　例：见图 A.6。

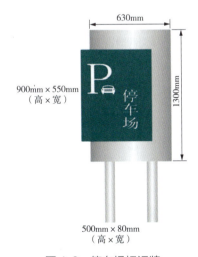

图 A.6 停车场标识牌

A.1.7 步行横道线标识

规　　格： 白线宽 300mm，间距 300mm，长度根据场地实际情况确定，常用 1600mm、5000mm。

颜　　色： 白色（Pantone 1013）。

材　　质： 道线漆。

安装位置： 位于道路路口行人穿越处。

示　　例： 见图 A.7。

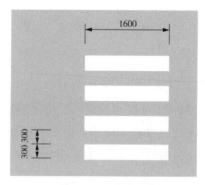

图 A.7　步行横道线

A.1.8 道路指示标识

规　　格： ϕ600mm（可按照场地情况按比例缩放）。

颜　　色： 蓝底白字。

材　　质： 铝板。

安装位置： 位于仓库出入口及道路转弯处，立杆固定。

示　　例： 见图 A.8。

出口标志　　入口标志　　向右转弯　　向左转弯

图 A.8　道路指示标识

A.1.9　道路箭头标识

规　　　格：150mm × 3000mm（可按照场地情况按比例缩放）。

颜　　　色：白色。

材　　　质：道线漆。

安装位置：用于交叉道口的导向车道内、出口匝道附近及对渠化交通的引导。

示　　　例：见图 A.9。

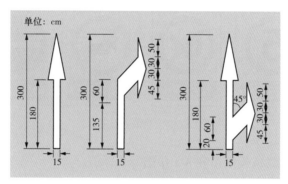

图 A.9　道路箭头标识

A.1.10　企业文化栏

规　　　格：2300mm × 1150mm（单个展示画面）。

材　　　质：不锈钢。

安装位置：设置于仓库大门入口主通道两侧或办公楼大厅醒目位置，采用竖立固
　　　　　　定放置或靠墙悬挂设置，主要用于企业目标、宣传等，其展示内容可
　　　　　　更换。建议展示内容为仓库简介、仓库亮点等。

注：两个展示画面为一组企业文化栏，其中一个展示画面可以为仓库总体布局图。

示　　　例：见图 A.10。

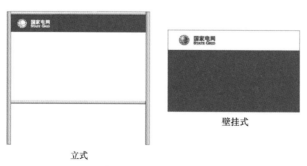

图 A.10　企业文化栏

A.1.11　仓库禁止标识

规　　格：500mm×400mm（可按照场地情况按比例缩放）。

材　　质：铝板，户外反光贴。

安装位置：应在库房适宜位置设置禁止标识，如禁止烟火、车辆和人员不得擅入、禁鸣及限速标识。

示　　例：见图 A.11。

图 A.11　仓库禁止标识

各物资库对照现场按需使用表 A.1 中的禁止标识。

表A.1　禁止标识参考表

编号	图形标志	设置方法	编号	图形标志	设置方法
1	严禁吸烟	采用粘贴、悬挂或落地牌的方法，放置在物资仓库出入口附近醒目位置	5	禁止鸣笛	采用粘贴、悬挂或落地牌的方法，放置在出入口和人行道附近醒目位置
2	严禁烟火	采用粘贴、悬挂或落地牌的方法，放置在物资仓库出入口附近醒目位置	6	禁止进入	采用粘贴、悬挂或落地牌的方法，放置在进入仓库和场地的醒目位置，提醒禁止车辆与人员进入
3	禁止带火种	采用粘贴、悬挂或落地牌的方法，放置在物资仓库出入口和人行道附近醒目位置	7	叉车禁入	采用悬挂和落地牌的方法，放置在叉车禁入通道边上醒目位置
4	禁止停留	采用粘贴或悬挂的方法，放置在对人员具有直接危害的场所，如危险品存放处等	8	禁止擅入	采用粘贴、悬挂或落地牌的方法，放置在危化品、易爆品等区域入口醒目位置，提醒相关人员未经允许，禁止擅入

续表

编号	图形标志	设置方法	编号	图形标志	设置方法
9	禁止攀登	采用粘贴、悬挂的方法，放置在货架两端醒目位置，字牌下边沿距地面 2m	14	非专业人员禁止操作	采用粘贴或悬挂的方法，放置在设备侧面醒目位置
10	禁止翻越	采用粘贴或落地牌的方法，放置在行人可能翻越的醒目位置	15	禁止堆放	采用粘贴、悬挂或落地牌的方法，设置在禁止堆放的场所或通道位置
11	禁止跨越	采用粘贴、悬挂或落地牌的方法，放置在专用的运输通道、带式输送机和其他作业流水线醒目位置	16	禁止倚靠	采用粘贴、悬挂或落地牌的方法，放置在不能倚靠的地点或部位，如电梯轿门等
12	禁止人为移车	采用粘贴的方法，放置在 AGV 上醒目位置	17	AGV作业区禁止车辆通行	采用悬挂和落地牌的方法，临时放置在 AGV 作业区附近醒目位置
13	禁止启动	采用粘贴或悬挂的方法，放置在暂停使用的设备附近，如设备检修、更换零件等	18	禁止靠近	采用粘贴、悬挂或落地牌的方法，放置在行人可能误入或靠近的醒目位置

A.1.12　仓库警示标识

规　　格：1100mm × 2000mm（可按照场地情况按比例缩放）。

材　　质：铝板，户外反光贴。

安装位置：应在库房内易发生滑跌、触电、吊物等区域设置相应标识。

示　　例：见图 A.12。

当心滑跌　　当心触电　　当心吊物

图 A.12　仓库警示标识

各物资库对照现场按需使用表 A.2 中的警示标识。

表A.2 警示标识参考表

编号	图形标志	设置方法	编号	图形标志	设置方法
1	注意安全	采用粘贴、悬挂或落地牌的方法，放置在提醒注意安全的场所醒目位置	8	易燃危险	采用粘贴、悬挂或落地牌的方法，放置在易燃危化品存储区醒目位置
2	当心触电	采用粘贴、悬挂或落地牌的方法，放置在提醒当心触电危险的场所醒目位置	9	当心腐蚀	采用粘贴、悬挂或落地牌的方法，放置在腐蚀性物品存储区醒目位置
3	当心吊物	采用粘贴、悬挂或落地牌的方法，放置在吊装设备作业区域外醒目位置	10	危险废物	采用粘贴、悬挂或落地牌的方法，放置在有毒、有害等危险废物存储区醒目处。如废旧蓄电池、SF_6等
4	当心车辆	采用粘贴、悬挂或落地牌的方法，放置在室外道路醒目位置	11	当心火灾	采用粘贴、悬挂或落地牌的方法，放置在易燃、易爆物品存储区醒目位置
5	注意防滑	采用粘贴、悬挂或落地牌的方法，放置在室内外易滑区域醒目位置	12	入库登记检查	采用粘贴、悬挂或落地牌的方法，放置在油库、加油站入口醒目位置
6	防止碰撞、摩擦	采用粘贴、悬挂或落地牌的方法，放置在不得摩擦和撞击区域的醒目位置，如货架、设备等	13	释放静电	采用粘贴、悬挂或落地牌的方法，放置在油库内人体静电释放仪器附近醒目位置
7	当心有毒气体	采用粘贴、悬挂或落地牌的方法，放置在有毒气体存储区醒目位置	14	当心电池泄漏	采用粘贴、悬挂或落地牌的方法，放置在蓄电池存放醒目位置

续表

编号	图形标志	设置方法	编号	图形标志	设置方法
15	叉车专用通道	识别出叉车专用通道后，采用粘贴的方法，放置在行人可能误入的醒目位置	17	叉车充电区	采用粘贴、悬挂或落地牌的方法，放置在行人可能误入的醒目位置
16	AGC专用通道	识别出 AGV 专用通道后，采用粘贴的方法，放置在行人或其他车辆可能误入的醒目位置	18	AGV充电区	采用粘贴、悬挂或落地牌的方法，放置在行人可能误入的醒目位置

A.1.13　库房编号牌

规　　格：编码牌大小尺寸与建筑总体比例适中，单层建筑宜采用直径为建筑总高的 1/5 左右，自动化立体库根据建筑总体情况和安装位置进行缩放。

材　　质：有机玻璃和其他材料。

安装位置：库房编号名称标识应设置在库房的正立面醒目位置，编号应采用两位数字序号表示，绿底白字。

示　　例：见图 A.13。

图 A.13　库房编号牌

A.1.14　料棚、堆场编号牌

规　　格：1000mm × 600mm（可按照场地情况按比例缩放）。

材　　质：有机玻璃和其他材料。

安装位置：料棚、堆场编号名称标识应设置在料棚、堆场的正立面醒目位置，编号应采用两位数字序号表示，绿底白字。

示　　例：见图 A.14。

图 A.14　料棚、堆场编号牌

A.2　库内标识标牌

A.2.1　仓库内部定置图

规　　格：1200mm × 900mm（可按照场地情况按比例缩放）。

材　　质：泡沫板或有机玻璃板。

颜色搭配：定置图各区域建议颜色：存储区，PANTONE 3278C 绿色；不合格品暂存区，PANTONE 186C 红色；办公区、装卸区、仓储装备区，PANTONE 151C 深黄色；入库待检区、收货暂存区、出库（配送）暂存区，PANTONE 109C 黄色。

安装位置：仓库定置图悬挂在库房室内大门入口处醒目位置，采用泡沫板，尺寸按库房面积大小不同分别设置。

示　　例：见图 A.15。

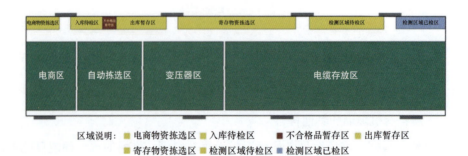

图 A.15　仓库内部定制图

A.2.2 区域标识牌

规　　格：竖立式，400mm×300mm×800mm；悬挂式，400mm×300mm。

材　　质：铝板。

安装位置：库房内应划分不同的储存区域，在区域靠近主通道侧应设置区域标识，标识应注明区域号和区域名称，设置方式可按不同库房或库区采用固定竖立或悬挂方式。

示　　例：见图 A.16。

图 A.16　区域标识牌

A.2.3 区域隔离带

规　　格：800mm（柱高）。

材　　质：不锈钢。

安装位置：为防止工作人员和非工作人员随意出入相应库存区域，应在区域分界处除设立出入口外，另设置区域隔离带（隔离带柱高 80cm，带子颜色为国网绿 PANTONE 3292C）。

示　　例：见图 A.17。

图 A.17　区域隔离带

A.2.4　货架编码牌

规　　格：850mm×600mm（可按照场地情况按比例缩放）。

材　　质：有机玻璃和其他材料。

安装位置：每列货架应在货架靠近主通道处设置货架标识牌，同一库房内标识编
号应按顺序排列，编号应采用两位数字序号表示，尺寸宜参照货架宽
度合理制作。

示　　例：见图 A.18。

图 A.18　货架编号牌

A.2.5　管理制度及流程展示牌

规　　格：750mm×1000mm（可按照场地情况按比例缩放）。

材　　质：泡沫板或有机玻璃板。

安装位置：有条件的仓库宜在库房室内大门入口处与定置图对应位置悬挂相关管
理制度展示牌（含岗位职责、出库制度、入库制度、维护保养制度、
消防制度、安全操作规程等），采用泡沫板或有机玻璃板，尺寸按库房
面积大小不同分别设置，原则上不小于 1000mm×750mm。

示　　例：见图 A.19。

物资入库管理制度

　　1、物资到货后，物流服务中心按照物资到货验收有关要求和供应商提供的物资配送单，进行"四验"，即验品种、验规格、验数量、验外观。对于特殊物资或重要设备应组织需求部门、技术主管部门等共同进行验收。验收合格的，参验部门/单位共同签署到货验收单；验收不合格的，不予收货。

　　2、对于不同品种物资的验收采取以下不同的方法：

　　（1）、整体包装（整桶、整瓶、整箱）物品及不便拆开的化学品、易燃、易爆物品，应根据供货方在原包装上标出的数量、容积、重量进行核对，计算验收。

　　（2）、一般仪器、仪表、金具、小五金、电瓷、备品配件及一些辅助材料等要尽量做到全检，对于包装完整、数量相同的物资可抽检其中一部分，抽检率不低于10%。

　　（3）、贵重仪器、仪表、重要设备、专项急用物资入库，应会同配送人员、需求部门进行验收。

　　3、按规定有保管年限的物资，如橡胶制品、易锈蚀金属材料、易挥发化轻产品、易老化纺织产品等，应特别注意生产日期或产品有效期，对已过期或接近有效期的不得收料入库。

　　4、物资入库，物流服务中心凭发票办理入库手续，并在系统中形成入库单。

　　5、项目暂存物资入库，要明确项目名称、暂存原因及暂存时限，并经单位分管领导批准。如果超过暂存时限，该物资仍然没有出库，物流服务中心要及时向暂存单位反映，督促其尽快领用。

　　6、项目结余物资入库，项目管理部门应及时提出结余物资入库申请，物流服务中心审核后办理入库手续。

　　7、废旧物资入库，物流服务中心负责对废旧物资进行实物盘点，核实后办理入库手续。

图 A.19　管理制度展示牌

A.2.6　仓库安全及门牌标识

　　在库房入口大门醒目处设置禁止烟火、车辆和人员不得擅入、禁鸣及限速标识，同时在库房内醒目位置设置禁止烟火标志。

规　　格：640mm×800mm（可按照场地情况按比例缩放）。

材　　质：铝板，户外反光贴。

安装位置：在库房内或库房大门旁侧醒目位置设置禁止烟火标志，安全标识内容也可增加当心叉车、当心高空坠物等，可参考室外标志标牌表 A.1、表 A.2 按需选择和使用。

示　　例：见图 A.20。

图 A.20　仓库安全标志

A.2.7　地面区域标线

规　　格：界定线宽 100mm。

材　　质：喷漆或同规格粘贴带。

颜色搭配：地面区域划线清晰，可采用不同色彩划分区域，可参照库用装备停放区域采用 PANTONE 151C 深黄色界定线；待检物资摆放采用 PANTONE 109C 黄色界定线；不合格物资摆放区采用 PANTONE 186C 红色界定线；货架区 / 物资配送区等合格区域采用 PANTONE 3015C 蓝色界定线，不同的颜色代表不同功能区域。

示　　例：见图 A.21。

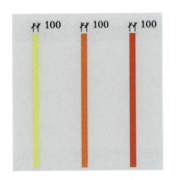

图 A.21　地面区域标线

A.2.8　道路指示牌标识

规　　格：1500mm×1900mm，或按现场等比例放缩。

材　　质：铝板，户外反光贴。

安装位置：在进入大门通道旁设置，设置在库房立柱醒目位置，标识下边缘距离地面不低于 4m，指示叉车和行人前往方向。

示　　例：见图 A.22。

图 A.22　道路指示牌标识

A.2.9　作业通道地面标识

颜色搭配： 入库颜色采用 PANTONE 109C 黄色；出库颜色采用白色。主作业通道界线采用白色实线。

安装位置： 直行箭头设置在通道两端之间位置，两个箭头相反并排设置；转弯箭头设置在道路拐弯方向；直行转弯箭头设置在道路中央靠近路口位置。

示　　例：见图 A.23。

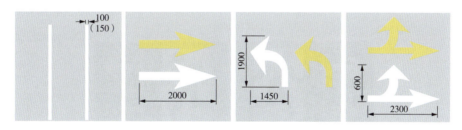

图 A.23　作业通道地面标识

A.2.10　人行通道标识

规　　格： 界定线宽 100mm，两条界定线间距 1000mm，界定线中央具有行人标识，长度 1450mm，宽度 800mm（可按照场地情况按比例缩放），颜色采用 PANTONE 109C 黄色。在人车交叉过道应设置地面人行斑马线，划线颜色白色，划线线宽 100mm，划线线距 220mm。

材　　质： 喷漆或同规格粘贴带。

安装位置： 位于主通道一侧。

示　　例： 见图 A.24。

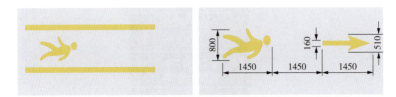

图 A.24　人行通道标识

A.2.11　消防设施标识

颜色搭配： 消防标识为红白双色；应急疏散为绿白双色。

材　　质： 铝板，户外反光贴。

安装位置： 消防区域和应急疏散通道醒目位置。

示　　例： 见图 A.25。

消防标识

应急疏散标识

图 A.25　消防设施标识

A.2.12　消防设施禁止堆放地面标识

规　　格： 线宽 100mm 或根据现场情况缩放。

材　　质： 喷漆或同规格粘贴。

安装位置： 位于消防栓或灭火器放置点前。

示　　例： 见图 A.26。

图 A.26　消防设施禁止堆放地面标识

A.3　仓位物料标签

A.3.1　仓位标签

标签尺寸：100mm × 50mm。

打印精度：≥ 200dpi。

材　　质：铜版纸 /PET 纸 / 特种纸等。

安装方式：根据需要粘贴或者悬挂。

示　　例：见图 A.27。

图 A.27　仓位标签示例

标签粘贴位置要求：

a）横梁式货架。按照方便扫描的原则进行标签粘贴，如图 A.28 所示。粘贴方式一（适用于层数大于 3 层的货架）：粘贴于货架左侧立柱，各层货架标签上下依次排列。粘贴方式二（适用于层数小于 3 层的货架）：粘贴于货架横梁，货位标签使用上下箭头示意货位具体位置。

图 A.28　横梁式货架标签示例

b）搁板式货架。粘贴于横梁上，居中贴挂，条码部分显示在横梁中间，如图 A.29 所示。

图 A.29　搁板式货架标签粘贴示例

c）悬臂式货架。标签贴于横梁或立柱上，居中贴挂，如图 A.30 所示。

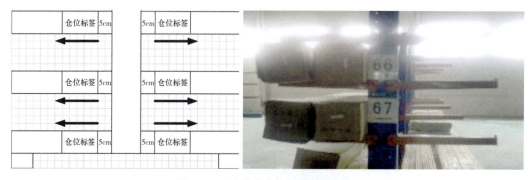

图 A.30　悬臂式货架标签粘贴示例

d）室内堆放区。粘贴在标识牌或地面明显位置，如图 A.31 所示。

图 A.31　室内堆放区标签粘贴示例

e）室外堆场。可将货位粘贴在标识牌上；使用角铁固定线缆盘的物资库，可将货位标签直接粘贴在角铁朝外一侧前端，如图 A.32 所示。

图 A.32　室外堆场标签粘贴示例

A.3.2　存储单元标签

标签尺寸：100mm × 50mm。

打印精度：≥ 200dpi。

材　　质：铜版纸 /PET 纸 / 特种纸等。

安装方式：根据需要粘贴或者悬挂。

示　　例：见图 A.33。

图 A.33　存储单元标签

粘贴位置要求：

a）托盘。贴于支脚方便扫码位置，如图 A.34 所示。

图 A.34　托盘标签粘贴示例

b）料箱。料箱朝外一侧居中粘贴，方便扫码位置，如图 A.35 所示。

图 A.35　料箱标签粘贴示例

c）仓储笼。粘贴于仓储笼朝外一侧支脚，如图 A.36 所示。

图 A.36　仓储笼标签粘贴示例

A.3.3　物料 / 物资身份码标签

标签尺寸：80mm × 40mm（物料标签）或 80mm × 80mmm（物资身份标签）。

打印精度：≥ 200dpi。

材　　质：铜版纸 /PET 纸 / 特种纸等。

安装方式：根据情况粘贴在便于扫描的位置，根据标签摆放地点，选择使用防水标签。

物料标签粘贴对象原则：

1）独立包装或独立设备直接粘贴。

2）如附属设备没有国网物料号，则仅在主设备上粘贴物料标签。

3）如附属设备有国网物料号，则主设备和附属设备都粘贴物料标签。

4）如一物多包且不分主附设备，则每个单体上都粘贴物料标签。

A.3.4　物料卡

实施了 WM 并且应用了手持终端（扫描枪）的使用物料标签。未实施 WM 或应用手持终端（扫描枪）的需要制作物料卡（根据实际情况，可以选用转动数字的卡片，或物料标签上包含数量信息的卡片）。

示　　例：见图 A.37、图 A.38。

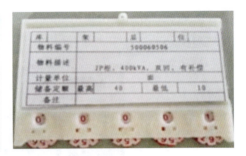

图 A.37　物料标签　　　　　　　　　　图 A.38　物料卡

A.4　办公区标识牌

A.4.1　门牌

规　　格：320mm × 120mm。

材　　质：铝合金，丝印烤漆。

安装位置：在办公室和小型库房门口醒目位置应设置门牌标识，门牌制作参见国家电网有限公司统一标识。

示　　例：见图 A.39。

图 A.39　门牌标识

A.4.2　岗位牌

规　　格：240mm × 100mm。

材　　质：PVC 压铸成型，喷漆处理，插片为激光打印塑封。

安装位置：仓库工作人员办公桌前放置岗位牌。

关于照片的要求：

1）照片必须为本人一年内拍摄的彩色照片，人像在相片矩形框内水平居中；不得使用佩戴变色眼镜拍摄的照片。

2）相片的背景应无任何装饰，背景颜色为白色。

3）相片必须显示头部的正面，不得佩戴帽饰，必须穿制服（机关管理人员未统一置装的，须着正装西服）。

注：以上照片要求为国网标识推广手册中的要求。

示　　例：见图 A.40。

图 A.40　岗位牌

A.4.3　办公区内展板

展示内容：学习看板、办公区制度。

规　　格：900mm×1200mm（单个展板），1200mm×900mm（学习看板）。

材　　质：亚克力和其他材料，白板和其他材料（学习看板）。

安装位置：在仓库办公区醒目位置设置相关展示标牌，采用悬挂式。

示　　例：见图 A.41。

图 A.41　办公区内展板

A.4.4　仓库门楣和防撞栏

按照国家电网有限公司标识应用手册（2013 年 8 月版本）设计使用。

示　　例：见图 A.42。

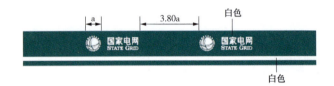

图 A.42　门楣和防撞栏

A.4.5　安全帽

参照国家电网有限公司标识应用手册（2013 年 8 月版本）设置进行配备。

示　　例：见图 A.43。

图 A.43　安全帽

附录 B 物资库典型设计

本附录针对数字型、自动型、智能型三类仓库编制典型设计，其中数字型物资库典型设计 1 套，自动型物资库典型设计 3 套，智能型物资库典型设计 1 套。物资库典型设计中对方案布局、功能区规划、设备选型等内容进行介绍，为各级物资库的规划设计等工作提供参考。

B.1 数字型仓库

B.1.1 适用范围

对于所建物资库房现状及需求符合或接近如下条件的，可参照此典型设计。

1）作业要求：配置常规的装卸、搬运、存储设备可满足基本的作业需求。借助实物 ID 信息识别设备和信息系统实现入库、出库、盘点等业务在线处理与线上流转。

2）场地面积：仓库整体占地面积 3000~10000m²。根据实际场地合理规划存储区域，不采用密集立体货架即可满足物资存储量需求。宜至少包含室内库房和室外堆场。

3）场地高度：室内库房净高宜大于 5m，满足横梁式货架的安装使用。

4）场地承载：地面载荷宜大于 5t/m²，满足横梁式货架的安装使用。（具体参照仓储建设指南中的地面承载要求）

5）适用仓库层级：存储物资多为短期周转暂存，适用于大多数县终端库。

B.1.2 典型设计图

B.1.2.1 设计总图

数字型库房典型设计总图见图 B.1。

数字型库房典型设计总图	
总体布局图 （图例库房占地面积 6500m²、建筑面积 2500m²）	设备配置说明
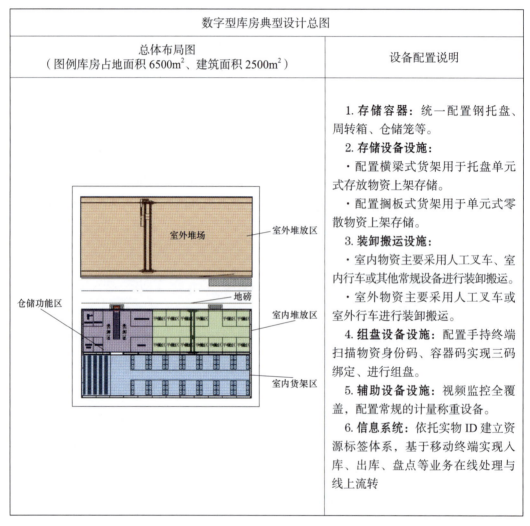	1. **存储容器**：统一配置钢托盘、周转箱、仓储笼等。 2. **存储设备设施**： ·配置横梁式货架用于托盘单元式存放物资上架存储。 ·配置搁板式货架用于单元式零散物资上架存储。 3. **装卸搬运设施**： ·室内物资主要采用人工叉车、室内行车或其他常规设备进行装卸搬运。 ·室外物资主要采用人工叉车或室外行车进行装卸搬运。 4. **组盘设备设施**：配置手持终端扫描物资身份码、容器码实现三码绑定、进行组盘。 5. **辅助设备设施**：视频监控全覆盖，配置常规的计量称重设备。 6. **信息系统**：依托实物 ID 建立资源标签体系，基于移动终端实现入库、出库、盘点等业务在线处理与线上流转

图 B.1　数字型库房典型设计总图

注：图 B.1 所示典型设计布局为参考案例，各单位可根据仓库实际情况进行调整并配置合适的仓储设施设备。

B.1.2.2 仓储功能区设计

数字型库房典型设计模块—仓储功能区设计见图 B.2。

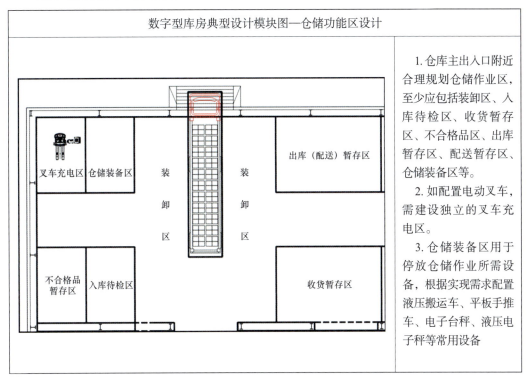

图 B.2 数字型库房典型设计模块—仓储功能区设计

B.1.2.3 室内货架区设计

a）货架布局：见图 B.3。

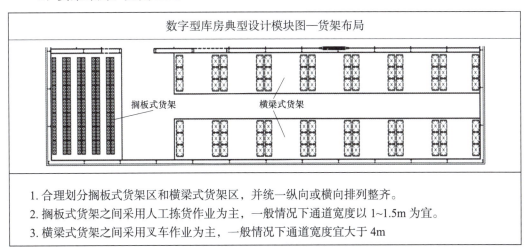

图 B.3 数字型库房典型设计模块—货架布局

b）搁板式货架：见表 B.1。

表 B.1　数字型库房搁板式货架

数字型库房典型设计模块图—搁板式货架		
货架模块图	搁板式货架尺寸宜选用 $L2000mm \times W600mm \times H2000mm$，单层承重不低于 300kg	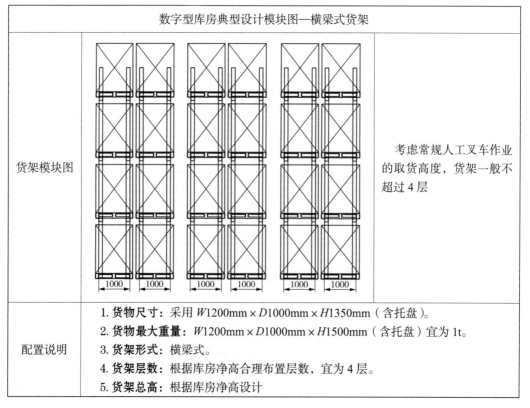
配置说明	1. **货物尺寸**：宜为可采用 600mm × 400mm × 280mm 周转箱装载的轻型零散物资。 2. **货物最大重量**：宜小于 50kg。 3. **货架形式**：搁板式。 4. **货架层数**：根据库房净高合理布置层数，宜为 3~4 层。 5. **货架总高**：宜为 2m	

c）横梁式货架：见表 B.2。

表 B.2　数字型库房横梁式货架

数字型库房典型设计模块图—横梁式货架	
货架模块图	考虑常规人工叉车作业的取货高度，货架一般不超过 4 层
配置说明	1. **货物尺寸**：采用 $W1200mm \times D1000mm \times H1350mm$（含托盘）。 2. **货物最大重量**：$W1200mm \times D1000mm \times H1500mm$（含托盘）宜为 1t。 3. **货架形式**：横梁式。 4. **货架层数**：根据库房净高合理布置层数，宜为 4 层。 5. **货架总高**：根据库房净高设计

B.1.2.4 室内堆放区设计

数字型库房典型设计模块—室内堆放区设计见图 B.4。

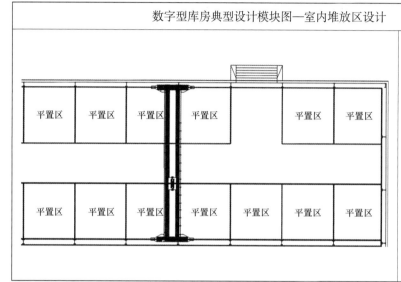

图 B.4 数字型库房典型设计模块—室内堆放区设计

B.1.2.5 室外堆场设计

数字型库房典型设计模块—室外堆场设计见图 B.5。

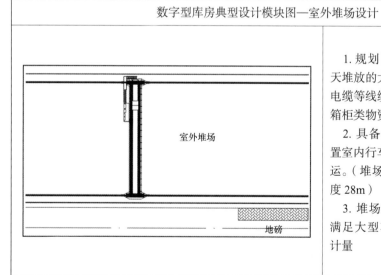

图 B.5 数字型库房典型设计模块—室外堆场设计

B.1.3 配置清单

数字型仓库配置清单见表B.3。

表B.3 数字型仓库配置清单

序号	设备分类	设备名称	主要用途
1	存储容器	托盘	用于外形小于托盘尺寸、便于码垛的形状规则物资,配套叉车与货架进行存放、搬运
2		仓储笼	用于零散、异型小件等物资,配套叉车与货架进行存放、搬运
3	存储设备	横梁式货架	用于托盘、仓储笼等存储容器的单元式存放
4	装卸搬运设备	液压搬运叉车	用于人工对轻型物资进行装卸及库内搬运
5		电动叉车	用于对轻型、重型物资进行装卸及库内搬运
6		内燃叉车	用于装卸较重物资和室外使用
7		起重机	用于大型或重型物资的吊装和搬运
8	实物ID信息采集及盘点设备	手持移动终端	用于扫码,办理出入库及盘点业务
9		射频识别门	用于自动识别物资RFID标签信息,办理出入库及盘点业务
10	计量设备设施	地磅	用于室外物资验收、称重
11		电子秤	用于小件物资验收、称重
12		液压电子秤	用于托盘物资便捷验收、称重
13	辅助设备设施	RFID标签打印机	用于按管理及业务需要制作物资、容器、货位标签
14		货架倾角传感器	用于货架倾斜角度变化监测

B.2 自动型仓库(小)

B.2.1 适用范围

所建物资库房现状及需求符合或接近如下条件的,可参照此典型设计。

1)作业要求:在满足基础型物资库要求外,物资上下架、点对点搬运实现自动化设备取代人工作业;依托实物ID信息自动识别设备和信息系统实现入库、出库、盘点等业务在线处理与线上流转。

2)场地面积:仓库整体占地面积3000~15000m²。

3）场地高度：净高一般小于 9m。

4）场地承载：地面载荷宜大于 5t/m^2，或者地面具备改造条件满足高层密集货架的承载需求。（具体参照仓储建设指南中的地面承载要求）

5）适用仓库层级：通常适用于有自动化改造需求的县终端库和规模较小的市终端库。

B.2.2 典型设计图

B.2.2.1 设计总图

自动型库房典型设计总图（小型）见图 B.6。

自动型库房典型设计总图（小型）	
总体布局图 （图例库房占地面积 6500 m^2、建筑面积 2500 m^2）	设备配置说明
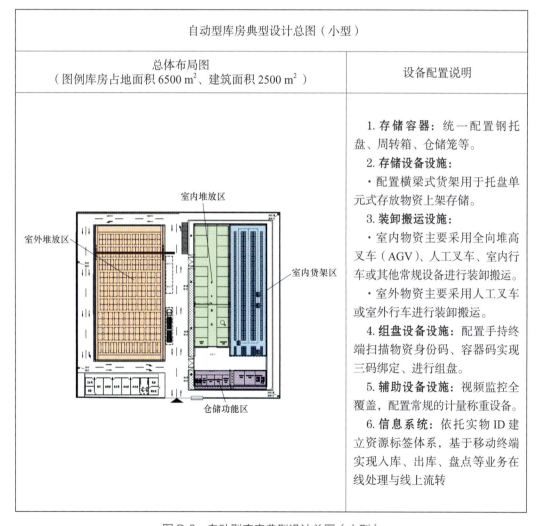	1. **存储容器**：统一配置钢托盘、周转箱、仓储笼等。 2. **存储设备设施**： ·配置横梁式货架用于托盘单元式存放物资上架存储。 3. **装卸搬运设施**： ·室内物资主要采用全向堆高叉车（AGV）、人工叉车、室内行车或其他常规设备进行装卸搬运。 ·室外物资主要采用人工叉车或室外行车进行装卸搬运。 4. **组盘设备设施**：配置手持终端扫描物资身份码、容器码实现三码绑定、进行组盘。 5. **辅助设备设施**：视频监控全覆盖，配置常规的计量称重设备。 6. **信息系统**：依托实物 ID 建立资源标签体系，基于移动终端实现入库、出库、盘点等业务在线处理与线上流转

图 B.6 自动型库房典型设计总图（小型）

注：本典型设计布局为参考案例，各单位可根据仓库实际情况进行调整并配置合适的仓储设施设备。

B.2.2.2 仓储功能区设计

自动型库房典型设计总图（小型）—仓储功能区设计见图 B.7。

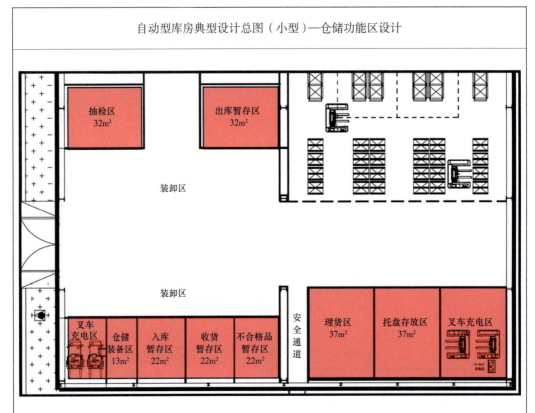

1. 仓库主出入口附近合理规划仓储作业区，至少应包括装卸区、入库待检区、收货暂存区、不合格品区、出库暂存区、配送暂存区、仓储装备区等。

2. 如配置电动叉车，需建设独立的叉车充电区。（其中建设独立的全向堆高叉车充电区）

3. 仓储装备区用于停放仓储作业所需设备，根据实现需求配置液压搬运车、平板手推车、电子台秤、液压电子秤等常用设备

图 B.7 自动型库房典型设计总图（小型）—仓储功能区设计

B.2.2.3 室内货架区设计

a）货架布局：自动型库房典型设计总图（小型）—货架布局设计见图 B.8。

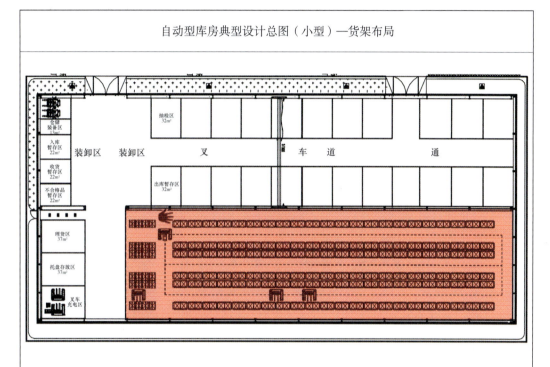

1. 库区布置横梁式货架区，采用横梁式货架配合钢托盘、仓储笼进行物资存储。托盘尺寸为或 $W1200\text{mm} \times D1000\text{mm}$，额载 1t。

2. 横梁式货架区采用全向堆高叉车（AGV）进行上下架作业。全向堆高叉车额载 1t，巷道宽度为 2300mm。

3. 横梁式货架规划 4 层，存储尺寸为 $W1200\text{mm} \times D1000\text{mm} \times H1350\text{mm}$

图 B.8 自动型库房典型设计总图（小型）—货架布局设计

b）横梁式货架：自动型库房典型设计总图（小型）—横梁式货架见表B.4。

表B.4　自动型库房典型设计总图（小型）—横梁式货架

自动型库房典型设计总图（小型）—横梁式货架	
重型货架模块图	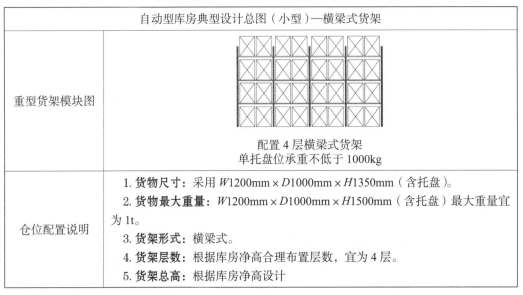配置4层横梁式货架 单托盘位承重不低于1000kg
仓位配置说明	1. **货物尺寸**：采用 $W1200mm \times D1000mm \times H1350mm$（含托盘）。 2. **货物最大重量**：$W1200mm \times D1000mm \times H1500mm$（含托盘）最大重量宜为1t。 3. **货架形式**：横梁式。 4. **货架层数**：根据库房净高合理布置层数，宜为4层。 5. **货架总高**：根据库房净高设计

B.2.2.4　室内堆放区设计

自动型库房典型设计总图（小型）—室内堆放区设计见图B.9。

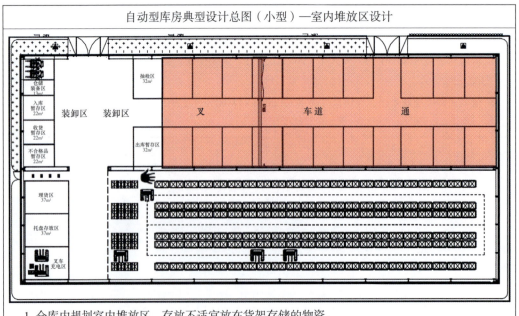

1. 仓库内规划室内堆放区，存放不适宜放在货架存储的物资。
2. 室内堆放区宜根据库房布局合理划线分区，考虑叉车作业，通道宜大于4m。
3. 具备安装条件的库房可配置室内行车用于重型物资的吊装、搬运

图B.9　自动型库房典型设计总图（小型）—室内堆放区设计

B.2.2.5　室外堆场设计

自动型库房典型设计总图（小型）—室外堆场设计见图 B.10。

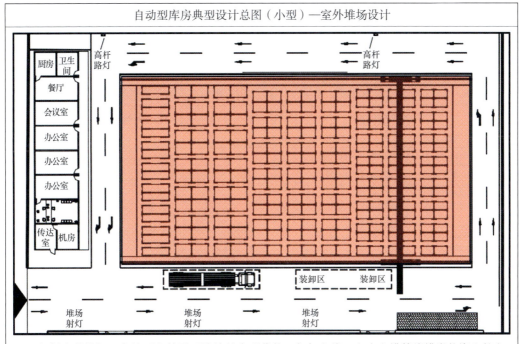

自动型库房典型设计总图（小型）—室外堆场设计

1. 规划室外堆场，存放可室外露天堆放的大型货物，如架空线、电力电缆等线缆类物资和箱变、环网箱等箱柜类物资。

2. 配置室内行车用于重型物资的吊装、搬运。（堆场布局为长型，长 66m，跨度 33m）

3. 堆场内或周边区域配置地磅满足大型车辆装载物资的直接称重计量

图 B.10　自动型库房典型设计总图（小型）—室外堆场设计

B.2.3　配置清单

配置清单见表 B.5。

表 B.5　配置清单

序号	设备分类	设备名称	主要用途
1	存储容器	托盘	用于外形小于托盘尺寸、便于码垛的形状规则物资，配套叉车与货架进行存放、搬运
2		仓储笼	用于零散、异型小件等物资，配套叉车与货架进行存放、搬运
3	存储设备	横梁式货架	用于托盘、仓储笼等存储容器的单元式存放
4		全向堆高叉车存储货架	用于托盘类上架自动存储

序号	设备分类	设备名称	主要用途
5	装卸搬运设备	平板手动推车	用于人工短距离搬运轻型物料
6		液压搬运叉车	用于人工对轻型物资进行装卸及库内搬运
7		电动叉车	用于对轻型、重型物资进行装卸及库内搬运
8		起重机	用于大型或重型物资的吊装和搬运
9		全向搬运叉车机器人	用于完成室内平置区 1t 以内物资搬运及与输送线接驳作业
10	实物 ID 信息采集及盘点设备	手持移动终端	用于扫码，办理出入库及盘点业务
11	计量设备设施	地磅	用于室外物资验收、称重
12		电子秤	用于小件物资验收、称重
13		液压电子秤	用于托盘物资便捷验收、称重
14	辅助设备设施	RFID 标签打印机	用于按管理及业务需要制作物资、容器、货位标签
15		货架倾角传感器	用于货架倾斜角度变化监测

B.3　自动型仓库（中）

B.3.1　适用范围

所建物资库房现状及需求符合或接近如下条件的，可参照此典型设计。

1）作业要求：在满足基础型物资库要求外，库内主要存储的托盘单元式物资实现自动化立体密集存储，配套相应的实物 ID 自动识别、自动搬运、自动盘点装置；宜就地建设检储配一体化基地，配置相应的检储联动自动设备。

2）场地面积：仓库整体占地面积 15000~20000m^2。

3）场地高度：宜大于 9m。

4）场地承载：地面载荷宜大于 10t/m^2，或者地面具备改造条件满足高层密集货架的承载需求。（具体参照仓储建设指南中的地面承载要求）

5）适用仓库层级：通常适用于大多数市终端库。

B.3.2 典型设计图

B.3.2.1 设计总图

自动型库房典型设计总图（中型）见图 B.11。

自动型库房典型设计总图（中型）	
总体布局图 （图例库房占地面积 16000m² 、仓库建筑面积 3000m²）	设备配置说明
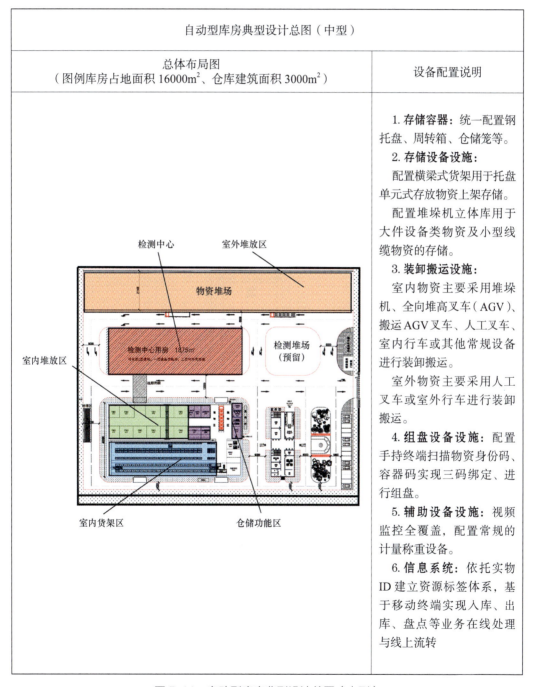	1. **存储容器**：统一配置钢托盘、周转箱、仓储笼等。 2. **存储设备设施**： 配置横梁式货架用于托盘单元式存放物资上架存储。 配置堆垛机立体库用于大件设备类物资及小型线缆物资的存储。 3. **装卸搬运设施**： 室内物资主要采用堆垛机、全向堆高叉车（AGV）、搬运 AGV 叉车、人工叉车、室内行车或其他常规设备进行装卸搬运。 室外物资主要采用人工叉车或室外行车进行装卸搬运。 4. **组盘设备设施**：配置手持终端扫描物资身份码、容器码实现三码绑定、进行组盘。 5. **辅助设备设施**：视频监控全覆盖，配置常规的计量称重设备。 6. **信息系统**：依托实物 ID 建立资源标签体系，基于移动终端实现入库、出库、盘点等业务在线处理与线上流转

图 B.11 自动型库房典型设计总图（中型）

注：本典型设计布局为参考案例，各单位可根据仓库实际情况进行调整并配置合适的仓储设施设备。

B.3.2.2 仓储功能区设计

自动型库房典型设计总图（中型）—仓储功能区设计见图 B.12。

自动型库房典型设计总图（中型）—仓储功能区设计

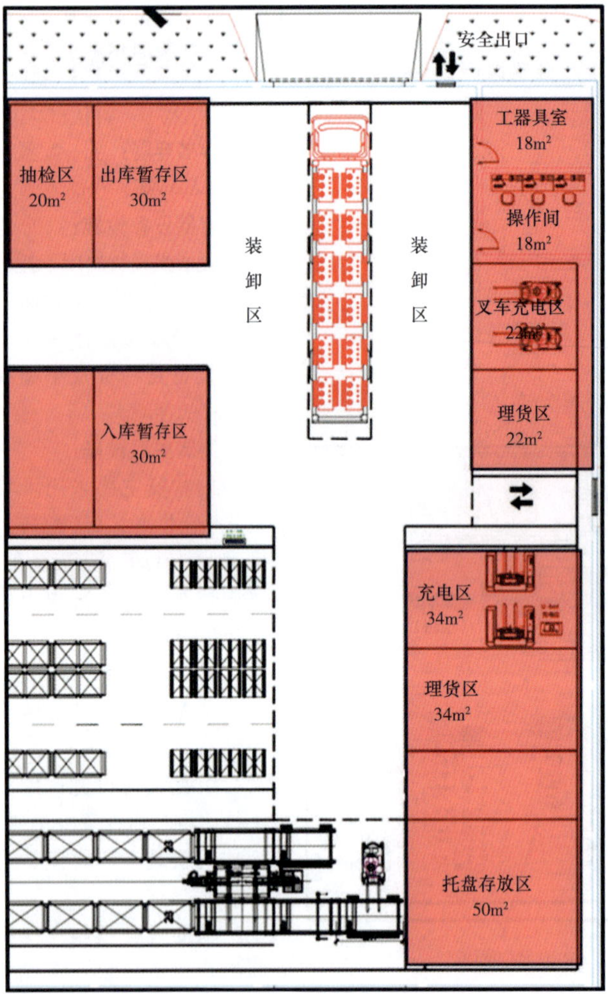

1. 仓库主出入口附近合理规划仓储作业区，至少应包括装卸区、入库待检区、收货暂存区、不合格品区、出库暂存区、配送暂存区、仓储装备区等。

2. 配置电动叉车，建设独立的叉车充电区。（宜另设建设独立的AGV 叉车充电区）

3. 仓储装备区用于停放仓储作业所需设备，根据实现需求配置液压搬运车、平板手推车、电子台秤、液压电子秤等常用设备

图 B.12 自动型库房典型设计总图（中型）— 仓储功能区设计

B.3.2.3 室内货架区设计

a）货架布局：见图 B.13。

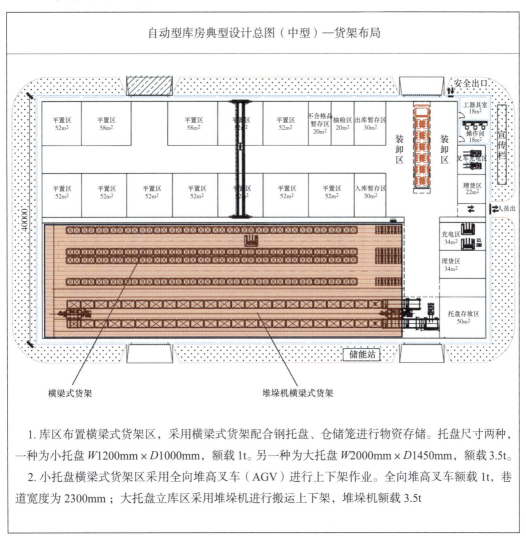

自动型库房典型设计总图（中型）—货架布局

1. 库区布置横梁式货架区，采用横梁式货架配合钢托盘、仓储笼进行物资存储。托盘尺寸两种，一种为小托盘 $W1200mm \times D1000mm$，额载 1t。另一种为大托盘 $W2000mm \times D1450mm$，额载 3.5t。

2. 小托盘横梁式货架区采用全向堆高叉车（AGV）进行上下架作业。全向堆高叉车额载 1t，巷道宽度为 2300mm；大托盘立库区采用堆垛机进行搬运上下架，堆垛机额载 3.5t

图 B.13 自动型库房典型设计总图（中型）—货架布局

b）横梁式货架：见表 B.6。

表B.6　自动型库房典型设计（中型）横梁式货架

自动型库房典型设计总图（中型）—横梁式货架		
货架模块图	配置 6 层重型货架 单托盘位承重不低于 1000kg	配置 4 层重型货架 单托盘位承重不低于 3500kg
配置说明	1. **货物尺寸**：采用 $W1200mm \times D1000mm \times H1350mm$（含托盘）。 2. **货物最大重量**：大托盘最大额载为 1t。 3. **货架形式**：横梁式。 4. **货架层数**：根据库房净高合理布置层数，为 6 层。 5. **货架总高**：根据库房净高设计	1. **货物尺寸**：采用 $W2000mm \times D1450mm \times H1800mm$（含托盘）。 2. **货物最大重量**：大托盘最大额载为 3.5t。 3. **货架形式**：横梁式。 4. **货架层数**：根据库房净高合理布置层数，为 4 层。 5. **货架总高**：根据库房净高设计

B.3.2.4　室内堆放区设计

自动型库房典型设计总图（中型）—室内堆放区设计见图 B.14。

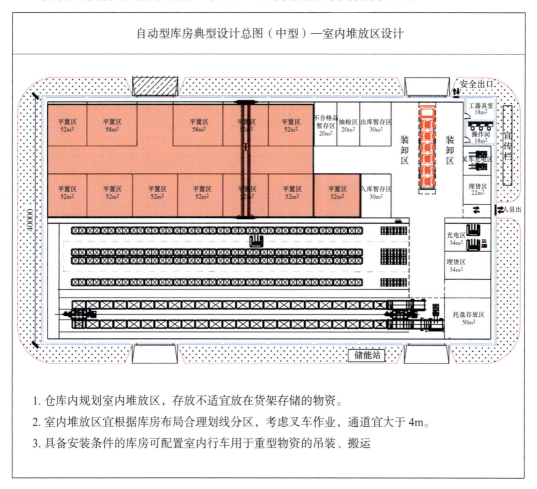

1. 仓库内规划室内堆放区，存放不适宜放在货架存储的物资。
2. 室内堆放区宜根据库房布局合理划线分区，考虑叉车作业，通道宜大于 4m。
3. 具备安装条件的库房可配置室内行车用于重型物资的吊装、搬运

图 B.14　自动型库房典型设计总图（中型）—室内堆放区设计

B.3.2.5 室外堆场设计

自动型库房典型设计总图（中型）—室外堆场设计见图 B.15。

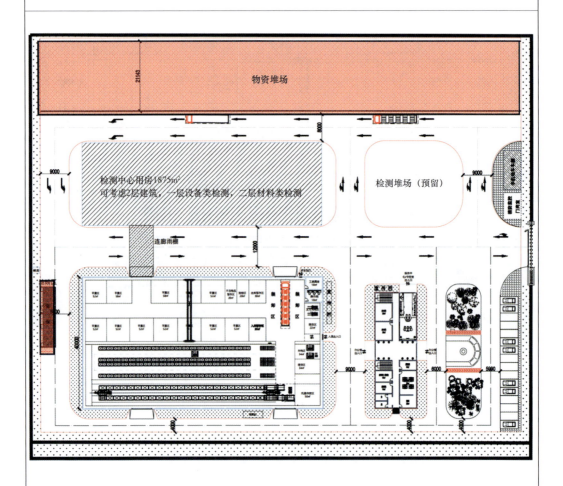

自动型库房典型设计总图（中型）—室外堆场设计

1. 规划室外堆场，存放可室外露天堆放的大型货物，如架空线、电力电缆等线缆类物资和箱变、环网箱等箱柜类物资。

2. 配置室内行车用于重型物资的吊装、搬运。（堆场布局为长型，长 150m，跨度 21m）

3. 堆场内或周边区域配置地磅满足大型车辆装载物资的直接称重计量

图 B.15　自动型库房典型设计总图（中型）—室外堆场设计

B.3.2.6 检储联动设计

自动型库房典型设计总图（中型）—检储联动设计见图 B.16。

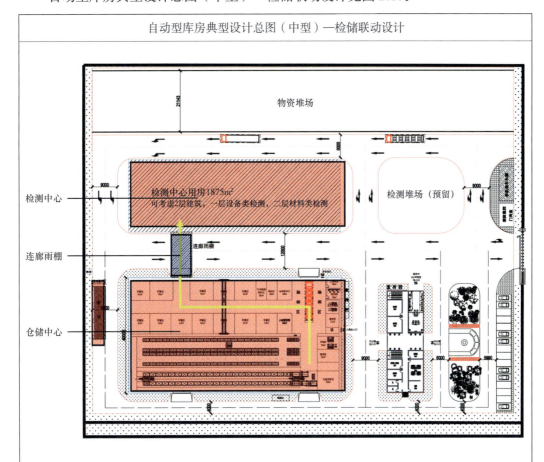

1. 园区为"检储配"一体化园区，建设有检测中心，仓储中心。

2. 仓储中心和检测中心之间相隔一个通道，因此在规划时将相对的大门用连廊雨棚相连（即在中间搭建一个雨棚）。

3. 样品在仓储中心和检测中心之间的送返过程，由搬运 AGV 叉车自动完成（如图中箭头所示），形成检储之间的联动

图 B.16 自动型库房典型设计总图（中型）—检储联动设计

B.3.3 配置清单

自动型仓库（中）配置清单见表 B.7。

表 B.7 自动型仓库（中）配置清单

序号	设备分类	设备名称	主要用途
1	存储容器	托盘	用于外形小于托盘尺寸、便于码垛的形状规则物资，配套叉车与货架进行存放、搬运
2		仓储笼	用于零散、异型小件等物资，配套叉车与货架进行存放、搬运
3	存储设备	横梁式货架	用于托盘、仓储笼等存储容器的单元式存放
4		重型托盘堆垛机立体存储货架	用于托盘类立体自动存储
5		全向堆高叉车存储货架	用于托盘类上架自动存储
6	装卸搬运设备	平板手动推车	用于人工短距离搬运轻型物料
7		液压搬运叉车	用于人工对轻型物资进行装卸及库内搬运
8		电动叉车	用于对轻型、重型物资进行装卸及库内搬运
9		起重机	用于大型或重型物资的吊装和搬运
10		自动搬运 AGV 叉车	用于完成室内存储区 3t 以内物资装、卸、搬运作业
11		全向搬运叉车机器人	用于完成室内平置区 1t 以内物资搬运及与输送线接驳作业
12	实物 ID 信息采集及盘点设备	手持移动终端	用于扫码，办理出入库及盘点业务
13	输送与拣选设备设施	辊筒输送机	用于托盘单元式物资的长距离输送
14		链式输送机	用于托盘单元式物资的长距离输送
15	计量设备设施	地磅	用于室外物资验收、称重
16		电子秤	用于小件物资验收、称重
17		液压电子秤	用于托盘物资便捷验收、称重
18	辅助设备设施	RFID 标签打印机	用于按管理及业务需要制作物资、容器、货位标签
19		货架倾角传感器	用于货架倾斜角度变化监测

B.4　自动型仓库（大）

B.4.1　适用范围

所建物资库房现状及需求符合或接近如下条件的，可参照此典型设计。

1）作业要求：在满足基础型物资库要求外，配置自动化装卸、实物 ID 信息自动识别组盘、存储、盘点装备，通过自动化设备调度控制模块实现关键作业环节"机械替人"，实现实物流、信息流"双流同步"。宜就地建设检储配一体化基地，配置相应的检储联动自动设备。

2）场地面积：仓库整体占地面积 20000~30000m²。

3）场地高度：净高一般大于 9m，宜大于 12m。

4）场地承载：地面载荷宜大于 10t/m²，或者地面具备改造条件满足高层密集货架的承载需求。（具体参照仓储建设指南中的地面承载要求）

5）适用仓库层级：通常适用于省周转库或是规模较大的市终端库。

B.4.2 典型设计图

B.4.2.1 设计总图

自动型仓库典型设计总图（大型）见图 B.17。

自动型库房典型设计总图（大型）	
总体布局图 （图例库房占地面积 21000m²、仓库建筑面积 4700m²）	设备配置说明
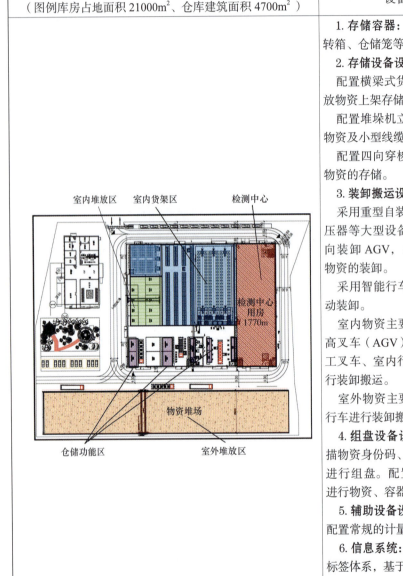	1. **存储容器**：统一配置钢托盘、周转箱、仓储笼等。 2. **存储设备设施**： 配置横梁式货架用于托盘单元式存放物资上架存储。 配置堆垛机立体库用于大件设备类物资及小型线缆物资的存储。 配置四向穿梭车立体货架用于电商物资的存储。 3. **装卸搬运设施**： 采用重型自装卸 AGV，自动实现变压器等大型设备的自动装卸；采用全向装卸 AGV，自动实现 1t 以内托盘物资的装卸。 采用智能行车实现线缆类物资的自动装卸。 室内物资主要采用堆垛机、全向堆高叉车（AGV）、搬运 AGV 叉车、人工叉车、室内行车或其他常规设备进行装卸搬运。 室外物资主要采用人工叉车和智能行车进行装卸搬运。 4. **组盘设备设施**：配置手持终端扫描物资身份码、容器码实现三码绑定、进行组盘。配置 DWS 自动扫码系统进行物资、容器、托盘的识别和组盘。 5. **辅助设备设施**：视频监控全覆盖，配置常规的计量称重设备。 6. **信息系统**：依托实物 ID 建立资源标签体系，基于移动终端实现入库、出库、盘点等业务在线处理与线上流转。 7. **绿色仓库建设**：园区建设光伏及储能系统，实现自设备用电自发自用

图 B.17　自动型仓库典型设计总图（大型）

注：本典型设计布局为参考案例，各单位可根据仓库实际情况进行调整并配置合适的仓储设施设备。

B.4.2.2　仓储功能区设计

自动型仓库典型设计总图（大型）—仓储功能区设计见图 B.18。

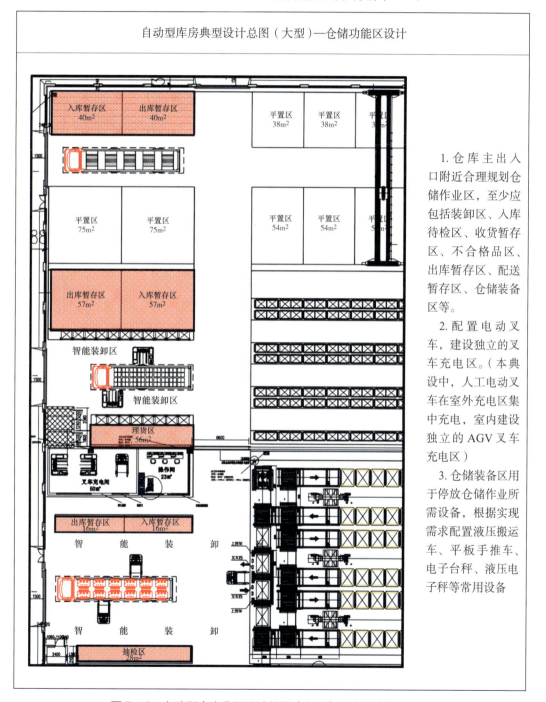

1. 仓库主出入口附近合理规划仓储作业区，至少应包括装卸区、入库待检区、收货暂存区、不合格品区、出库暂存区、配送暂存区、仓储装备区等。

2. 配置电动叉车，建设独立的叉车充电区。（本典设中，人工电动叉车在室外充电区集中充电，室内建设独立的 AGV 叉车充电区）

3. 仓储装备区用于停放仓储作业所需设备，根据实现需求配置液压搬运车、平板手推车、电子台秤、液压电子秤等常用设备

图 B.18　自动型仓库典型设计总图（大型）—仓储功能区设计

B.4.2.3　室内货架区设计

a）货架布局：见图 B.19。

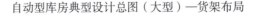

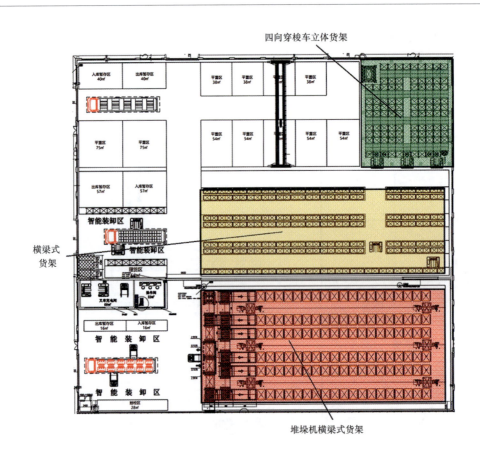

自动型库房典型设计总图（大型）—货架布局

1. 四向穿梭车立体货架区，采用 $W1200mm \times D1000mm$ 托盘、仓储笼作为容器，单托盘位额载 1t。采用四向穿梭车进行搬运上下架，四向穿梭车额载 1t。（此处设计有钢平台，平台下方建设四向穿梭车立体库，平台上方存储异形件物资）

2. 小托盘横梁式货架区采用全向堆高叉车（AGV）进行上下架作业。采用 $W1200mm \times D1000mm$ 托盘、仓储笼作为容器，全向堆高叉车额载 1t，巷道宽度为 2300mm。

3. 堆垛机立体库采用 $W2000mm \times D1450mm$ 托盘，采用堆垛机进行搬运上下架，堆垛机额载 3.5t，存储变压器、配电箱、小型线缆等物资

图 B.19　自动型仓库典型设计总图（大型）—货架布局

b）横梁式货架：见表 B.8。

表 B.8　自动型仓库典型设计总图（大型）—横梁式货架

自动型库房典型设计总图（大型）—横梁式货架			
货架模块图	配置 3 层重型货架 单托盘位承重不低于 1000kg	配置 4 层重型货架 单托盘位承重不低于 1000kg	配置 5 层重型货架 单托盘位承重不低于 3500kg
配置说明	1. 货物尺寸：W1200mm $\times D$1000mm $\times$ H1200mm（含托盘）。 2. 货物最大重量：托盘最大额载为 1t。 3. 货架形式：四向穿梭车专用货架。 4. 货架层数：根据净高合理布置层数，为 3 层。 5. 货架总高：根据库房净高设计	1. 货物尺寸：W1200mm $\times D$1000mm $\times$ H1350mm（含托盘）。 2. 货物最大重量：托盘最大额载为 1t。 3. 货架形式：横梁式货架。 4. 货架层数：根据净高合理布置层数，为 4 层。 5. 货架总高：根据库房净高设计	1. 货物尺寸：W2000mm $\times D$1450mm $\times$ H2250/1850/1650mm（含托盘）。 2. 货物最大重量：大托盘最大额载为 3.5t。 3. 货架形式：横梁式。 4. 货架层数：根据库房净高合理布置层数，为 5 层（可设置每层不同高度）。 5. 货架总高：根据库房净高设计

B.4.2.4 室内堆放区设计

自动型仓库典型设计总图（大型）—室内堆放区设计见图 B.20。

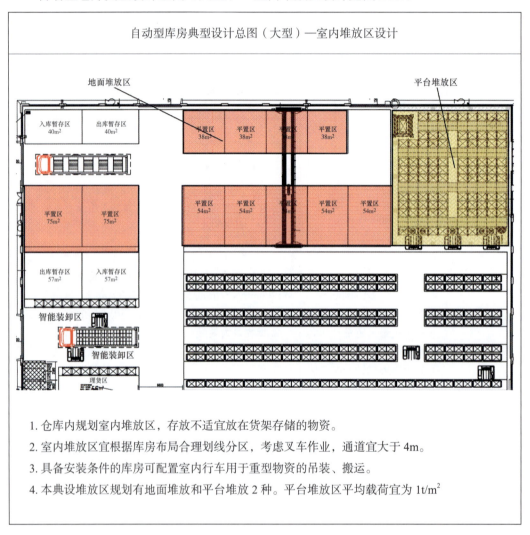

图 B.20　自动型仓库典型设计总图（大型）—室内堆放区设计

B.4.2.5　室外堆场设计

自动型仓库典型设计总图（大型）—室外堆场设计见图 B.21。

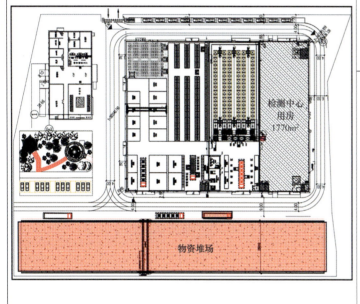

自动型库房典型设计总图（大型）—室外堆场设计

智能行车
示意图

1. 规划室外堆场，存放可室外露天堆放的大型货物，如架空线、电力电缆等线缆类物资和箱变、环网箱等箱柜类物资。

2. 配置智能行车用于重型物资的吊装、搬运。（堆场布局为长型，长 150m，跨度 25m）

3. 堆场内或周边区域配置地磅满足大型车辆装载物资的直接称重计量

图 B.21　自动型仓库典型设计总图（大型）—室外堆场设计

B.4.2.6 检储联动设计

自动型仓库典型设计总图（大型）—检储联动设计见图 B.22。

图 B.22 自动型仓库典型设计总图（大型）—检储联动设计

B.4.3 配置清单

自动型仓库典型设计总图（大型）配置清单见表 B.9。

表 B.9 自动型仓库典型设计总图（大型）配置清单

序号	设备分类	设备名称	主要用途
1	存储容器	托盘	用于外形小于托盘尺寸、便于码垛的形状规则物资，配套叉车与货架进行存放、搬运
2		防渗漏托盘	用于蓄电池等危废物资，配套叉车进行存放、搬运
3		仓储笼	用于零散、异型小件等物资，配套叉车与货架进行存放、搬运
4		周转箱	用于周转箱单元式存放的轻质小件物资
5		巧固架	用于管材类、瓷瓶类等长件物资，配套叉车进行存放、搬运、叠放
6	存储设备	横梁式货架	用于托盘、仓储笼等存储容器的单元式存放
7		重型托盘堆垛机立体存储货架	用于托盘类立体自动存储

续表

序号	设备分类	设备名称	主要用途
8	存储设备	四向穿梭车立体存储货架	用于托盘类立体自动存储
9		全向堆高叉车存储货架	用于托盘类上架自动存储
10	装卸搬运设备	平板手动推车	用于人工短距离搬运轻型物料
11		液压搬运叉车	用于人工对轻型物资进行装卸及库内搬运
12		电动叉车	用于对轻型、重型物资进行装卸及库内搬运
13		内燃叉车	用于装卸较重物资和室外使用
14		载人取货堆高车	用于将小件物资送到人工无法存取的高层货架
15		起重机	用于大型或重型物资的吊装和搬运
16		重型自装卸AGV叉车	用于完成室内存储区 3t 以内变压器、箱柜等重型物资从车辆车板至地面或输送线自动装卸作业
17		全向自装卸叉车	用于完成室内存储区 1t 以内较轻型物资物流车辆车板至地面/输送线装卸作业
18		智能行车	用于完成室内外存储区物流车辆车板至地面/输送线装卸作业
19		自动搬运AGV叉车	用于完成室内存储区 3t 以内物资装、卸、搬运作业
20		全向搬运叉车机器人	用于完成室内平置区 1t 以内物资搬运及与输送线接驳作业
21	实物 ID 信息采集及盘点设备	手持移动终端	用于扫码,办理出入库及盘点业务
22		射频识别门	用于自动识别物资 RFID 标签信息,办理出入库及盘点业务
23		DWS 自动扫码系统	用于物资自动组盘,通过采集物资尺寸、重量,扫描物资身份码、容器码实现三码绑定
24		图像智能盘点设备	用于通过图像识别比对实现物资盘点
25		重量智能盘点设备	用于通过重量感应比对实现物资盘点
26	输送与拣选设备设施	辊筒输送机	用于托盘单元式物资的长距离输送
27		链式输送机	用于托盘单元式物资的长距离输送

序号	设备分类	设备名称	主要用途
28	计量设备设施	地磅	用于室外物资验收、称重
29		电子秤	用于小件物资验收、称重
30		液压电子秤	用于托盘物资便捷验收、称重
31	封样及送样设备	盲样机械臂	用于设备类物资检储联动自动封样
32		协助机械臂 AGV	用于中小件物资检储联动自动送样
33	辅助设备设施	RFID 标签打印机	用于按管理及业务需要制作物资、容器、货位标签
34		货架倾角传感器	用于货架倾斜角度变化监测

B.5 智能型仓库

B.5.1 适用范围

所建物资库房现状及需求符合或接近如下条件的，可参照此典型设计。

1）作业要求：在满足数字型物资库要求外，实现仓储装卸、搬运、存储、拣选、盘点等全环节作业"机械替人"。基于数字孪生、大数据分析等技术，应用绿色智慧园区管理模块，贯通园区安防、仓储业务、仓储作业、能耗数据，构建园区仿真模型，开展业务仿真优化、辅助决策，实现仓储业务数智化升级。宜就地建设检储配一体化基地，配置相应的检储联动自动设备。

2）场地面积：仓库整体占地面积 20000~30000m^2。

3）场地高度：净高一般大于 9m，宜大于 12m。

4）场地承载：地面载荷宜大于 10t/m^2，或者地面具备改造条件满足高层密集货架的承载需求。（具体参照仓储建设指南中的地面承载要求）

5）适用仓库层级：通常适用于省周转库。

B.5.2　典型设计图

B.5.2.1　设计总图

智能型库房典型设计总图见图 B.23。

智能型库房典型设计总图
总体布局图 （图例库房占地面积 30000m² 、建筑面积 9500m² ）

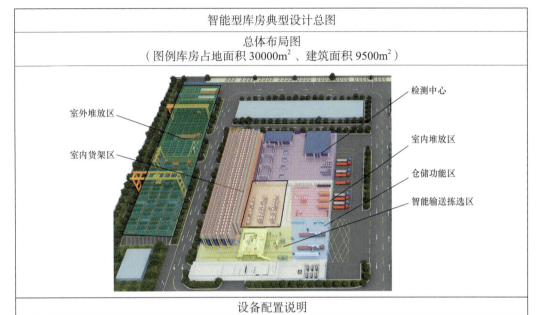

设备配置说明

1. **存储容器**：统一配置钢托盘、周转箱、仓储笼、巧固架。

2. **存储设备设施**：

配置横梁式货架用于托盘单元式存放物资上架存储。

配置堆垛机立体库用于大件设备类物资及小型线缆物资的存储。

3. **装卸搬运设施**：

采用重型自装卸 AGV，自动实现变压器等大型设备的自动装卸。

采用多台定制智能行车实现线缆类物资、长件物资、超大件箱柜物资的自动装卸。

4. **输送拣选设施**：

智能输送拣选区配置拆码垛机器人、打包机器人、无序拣选机器人等实现物资自动拣选、打包、组盘。

室外堆场配置线缆自动剪切机器人实现线缆物资的自动分切。

5. **组盘设备设施**：出入库口配置 DWS 自动扫码系统和手持终端采集物资尺寸、重量，扫描物资身份码、容器码实现三码绑定、自动组盘。

6. **盘点设备设施**：配置视觉盘点设备、重量盘点设备、盘点无人车等实现室内外物资自动盘点。

7. **辅助设备设施**：视频监控全覆盖，配置常规的计量称重设备。

8. **信息系统**：基于数字孪生、大数据分析等技术，应用绿色智慧园区管理模块，贯通园区安防、仓储业务、仓储作业、能耗数据，构建园区仿真模型，开展业务仿真优化、辅助决策，实现仓储业务数智化升级。

9. **绿色仓库建设**：配置光伏、储能、园区能耗监控等实现零碳运营

图 B.23　智能型库房典型设计总图

注：本典型设计布局为参考案例，各单位可根据仓库实际情况进行调整并配置合适的仓储设施设备。

B.5.2.2　仓储功能区设计

可参照数字型仓库典型设计。

B.5.2.3　室内货架区设计

可参照数字型仓库典型设计。

B.5.2.4　室内堆放区设计

可参照数字型仓库典型设计。

B.5.2.5　室外堆场设计

可参照数字型仓库典型设计。

B.5.2.6　检储联动设计

可参照数字型仓库典型设计。

B.5.2.7　自动输送拣选设计

智能型库房典型设计模块—智能输送拣选区设计见图 B.24。

智能型库房典型设计总图
智能型库房典型设计模块图—智能输送拣选区设计

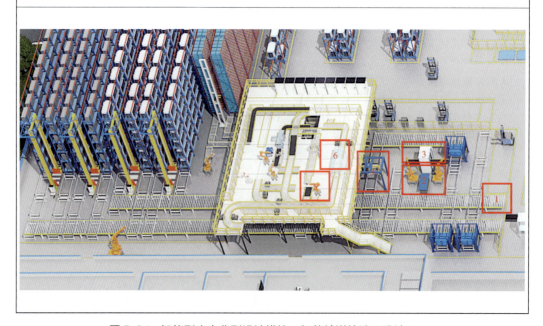

图 B.24　智能型库房典型设计模块—智能输送拣选区设计（一）

1.可配置DWS自动扫码系统用于
物资出入库扫码自动组盘

纸箱物资（避雷器、
电缆附件、断路器等）

2.可配置视觉拆码垛机械手用于
纸箱物资出入库拆码垛拣选

3.可配置称重验收盘点装置，用于
小件纸箱物资自动称重盘点

4.可配置覆膜打包贴标机器人用于
出库纸箱码垛物资二次包装作业

铜铝件、玛钢件
（持续金具、耐张
线夹、拉线金具、
联结金具等物资）

5.可配置视觉无序拣选机械手系统用于
单元化包装零散物资零拣出库

6.可配置纸箱打包贴标机器人采用纸箱
形式完成对出入库物资二次包装件

图 B.24　智能型库房典型设计模块—智能输送拣选区设计（二）

B.5.2.8　零碳智慧园区设计

智能型库房典型设计模块—零碳智慧园区设计见图 B.25。

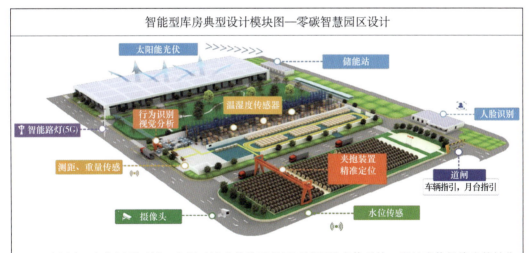

1. 可在园区库房屋顶区域、车棚区域或其他可利用区域配置光伏系统，通过光伏板将光能转化为电能，作为园区用能补充。

2. 可配置储能系统用于多余电能储存。

3. 可配套基于人脸识别的人员管理基础设备设施，用于仓库人员访客管理和人员无感进出。

4. 可配置车辆管理基础设备设施，用于仓库运输车辆的进出管理、智慧指引、智能调度等。

5. 可配置节能照明系统和暖通节能系统等实现仓库节能减排。

6. 可在仓库重点区域部署智能摄像头对仓库内物资、人员、车辆的异常情况进行智能识别、主动预警

图 B.25　智能型库房典型设计模块—零碳智慧园区设计

B.5.3 配置清单

智能型库房典型设计配置清单见表 B.10。

表B.10 智能型库房典型设计配置清单

序号	设备分类	设备名称	主要用途
1	存储容器	托盘	用于外形小于托盘尺寸、便于码垛的形状规则物资，配套叉车与货架进行存放、搬运
2		防渗漏托盘	用于蓄电池等危废物资，配套叉车进行存放、搬运
3		仓储笼	用于零散、异型小件等物资，配套叉车与货架进行存放、搬运
4		周转箱	用于周转箱单元式存放的轻质小件物资
5		巧固架	用于管材类、瓷瓶类等长件物资，配套叉车进行存放、搬运、叠放
6	存储设备	横梁式货架	用于托盘、仓储笼等存储容器的单元式存放
7		悬臂式货架	用于长条状或长卷状物资存储
8		重型托盘堆垛机立体存储货架	用于托盘类立体自动存储
9		全向堆高叉车存储货架	用于托盘类上架自动存储
10	装卸搬运设备	平板手动推车	用于人工短距离搬运轻型物料
11		液压搬运叉车	用于人工对轻型物资进行装卸及库内搬运
12		电动叉车	用于对轻型、重型物资进行装卸及库内搬运
13		内燃叉车	用于装卸较重物资和室外使用
14		载人取货堆高车	用于将小件物资送到人工无法存取的高层货架
15		起重机	用于大型或重型物资的吊装和搬运
16		重型自装卸AGV叉车	用于完成室内存储区3t以内变压器、箱柜等重型物资从车辆车板至地面或输送线自动装卸作业
17		全向自装卸叉车	用于完成室内存储区1t以内较轻型物资物流车辆车板至地面/输送线装卸作业

序号	设备分类	设备名称	主要用途
18	装卸搬运设备	智能行车	用于完成室内外存储区物流车辆车板至地面/输送线装卸作业
19		自动搬运AGV叉车	用于完成室内存储区3t以内物资装、卸、搬运作业
20		背驼式AGV	用于完成室内平置区物资搬运作业
21		全向搬运叉车机器人	用于完成室内平置区1t以内物资搬运及与输送线接驳作业
22	实物ID信息采集及盘点设备	手持移动终端	用于扫码，办理出入库及盘点业务
23		射频识别门	用于自动识别物资RFID标签信息，办理出入库及盘点业务
24		DWS自动扫码系统	用于物资自动组盘，通过采集物资尺寸、重量，扫描物资身份码、容器码实现三码绑定
25		图像智能盘点设备	用于通过图像识别比对实现物资盘点
26		重量智能盘点设备	用于通过重量感应比对实现物资盘点
27		盘点无人车	用于室内物资自主移动扫码盘点
28	输送与拣选设备设施	辊筒输送机	用于托盘单元式物资的长距离输送
29		链式输送机	用于托盘单元式物资的长距离输送
30		带式输送机	用于周转箱单元式小型零散物资传输，或者作为出入库的上下货平台和小件零散物资拣选平台使用
31		线缆分拣机器人	用于不同规格的线缆的定制化裁剪
32		视觉拆码垛机械手系统	用于对单元化包装整箱物资自动拆盘、码盘
33		视觉无序拣选机械手系统	用于单元化包装物资零拣出库
34	包装设备设施	纸箱打包贴标机器人	用于库内二次单元化包装
35		覆膜打包贴标机器人	用于库内二次单元化包装

续表

序号	设备分类	设备名称	主要用途
36	计量设备设施	地磅	用于室外物资验收、称重
37		电子秤	用于小件物资验收、称重
38		液压电子秤	用于托盘物资便捷验收、称重
39	封样及送样设备	盲样机械臂	用于设备类物资检储联动自动封样
40		协助机械臂 AGV	用于中小件物资检储联动自动送样
41	辅助设备设施	RFID 标签打印机	用于按管理及业务需要制作物资、容器、货位标签
42		货架倾角传感器	用于货架倾斜角度变化监测

附录 C　物资库通用设备清册

本清册详细介绍各类设施设备的用途、技术参数和工作效率等，为各级物资库设施设备选型提供参考。

C.1　存储容器

C.1.1　托盘

C.1.1.1　适用物料和用途

宜用于外形小于托盘尺寸、便于码垛的形状规则物资，如 10kV 变压器、配电箱、电缆分支箱、纸箱包装物资等。

普通库使用配套叉车与货架进行存放、搬运。

自动化库使用配套叉车或其他自动搬运设备与立体货架进行存放、搬运。

C.1.1.2　技术参数要求

塑料或钢制托盘，宜优先选用钢制托盘。

载重 1000kg 钢托盘尺寸宜为 $L1200mm \times W1000mm \times H150mm$；

载重 3500kg 钢托盘尺寸宜为 $L2000mm \times W1450mm \times H200mm$。

C.1.1.3　图示

托盘如图 C.1 所示。

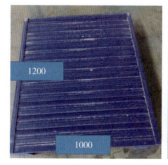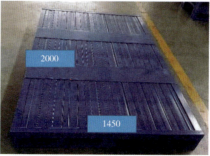

图 C.1　托盘

C.1.2 防渗漏托盘

C.1.2.1 适用物料和用途

宜用于蓄电池等危废物资。

配套叉车进行存放、搬运。

C.1.2.2 技术参数要求

宜选用聚乙烯材质。

尺寸宜为 L1200mm × W1000mm × H150mm。

盛漏量应不小于 10L。

C.1.2.3 图示

防渗漏托盘如图 C.2 所示。

图 C.2 防渗漏托盘

C.1.3 仓储笼

C.1.3.1 适用物料和用途

适用于零散、异型小件物资，如金具、小件铁附件等。

普通库使用配套叉车与货架进行存放、搬运。

自动化库使用配套叉车或其他自动搬运设备与立体货架进行存放、搬运。

C.1.3.2 技术参数要求

采用钢制材料、可折叠。

载重 1000kg 仓储笼尺寸宜为 L1200mm × W1000mm × H900mm。

立体库或特殊需求可采用非标准规格仓储笼。

C.1.3.3　图示

仓储笼如图 C.3 所示。

C.1.4　周转箱

C.1.4.1　适用物料和用途

用于周转箱单元式存放或轻质、小件物资的直接存放。

常规库使用配套手推车与搁板式货架进行存放、搬运。

自动化库使用配套自动取货机器人与货架进行存放、搬运。

C.1.4.2　技术参数要求

材质采用高密度聚乙烯。

建议尺寸规格为 600mm × 400mm × 280mm。

载重量不小于 50kg。

其他特殊需求可根据自动取货机器人需求定制尺寸。

C.1.4.3　图示

周转箱如图 C.4 所示。

图 C.3　仓储笼

图 C.4　周转箱

C.1.5　巧固架

C.1.5.1　适用物料和用途

适用于管材类、瓷瓶类等长件物资。

常规库使用配套叉车与货架进行存放、搬运。

自动化库使用配套叉车或其他自动搬运设备与立体货架进行存放、搬运。

C.1.5.2 技术参数要求

配合货架使用建议底部尺寸规格为 1200mm × 1000mm 或 2000mm × 1450mm。

其他特殊需求可根据物资尺寸和搬运装卸设备需求定制尺寸。

C.1.5.3 图示

巧固架如图 C.5 所示。

图 C.5　巧固架

C.2　存储设备

C.2.1　横梁式货架

C.2.1.1　适用物料和用途

宜用于可整齐码放在托盘或仓储笼上的物资。

常规库需配套叉车作为搬运设备，叉车需具有堆高功能，举升高度根据货架层高而定。

自动化库使用配套 AGV 叉车、全向堆高叉车机器人等自动作业设备进行存放、搬运。

C.2.1.2　技术参数要求

货架尺寸宜选用 L2500mm × W1000mm。

宜采用 H 型钢或冷轧型钢材质，承载宜 ≥ 1000kg。

整体宜采用框架组合式，并采用两排背靠背布局，货架宜设计 ≥ 3 层（含底）。

货架立柱及附件浅蓝色 PANTONE3015C，横梁采用桔红色 PANTONE1655C。

C.2.1.3 图示

横梁式货架如图 C.6 所示。

C.2.2 悬臂式货架

C.2.2.1 适用物料和用途

宜用于长条状或长卷状、大件和不规则物资存储，如管材类、长条形铁附件等电力物资。

可配置叉车搬运长物料，或是配置行车吊装搬运长物料。

C.2.2.2 技术参数要求

货架尺寸宜为 1000mm（臂间距）× 1000mm（单臂长）× 2000mm（高度）。

宜采用 H 型钢或冷轧型钢材质，每臂承载宜 ≥ 1000kg。

采用两排背靠背布局，货架设计立柱高度不大于 2m，层数最大 3 层。货架为层高可调的组合式结构。

C.2.2.3 图示

悬臂式货架如图 C.7 所示。

图 C.6 横梁式货架　　　　　　　图 C.7 悬臂式货架

C.2.3 线缆盘存储架

C.2.3.1 适用物料和用途

宜用于低压电力电缆、架空绝缘导线等线缆类物资的存储。

可配置电动电缆盘全向叉车搬运线缆类物料，或是配置行车吊装搬运线缆类物料。

C.2.3.2 技术参数要求

货架尺寸宜选用 $L3000mm × W1500mm × H3200mm$ 规格，每组宜包含 4 个电缆盘位。

宜采用 H 型钢或冷轧型钢材质，每个轴座承载宜 ≥ 5000kg。

宜选用框架组合式，并采用两排布局，宜设计为 2 层，上层以整存整取为主，下层根据需要，按整取或零取的不同方式选择不同的货架支撑方式。

C.2.3.3 图示

线缆盘存储架如图 C.8 所示。

C.2.4 搁板式货架

C.2.4.1 适用物料和用途

宜用于以料箱或纸箱为载体的中小件、较轻物资存储。

可配置轮式周转车搬运物料，将料箱或纸箱从分拣区运输至货架存储。

C.2.4.2 技术参数要求

货架尺寸宜选用 $L2000mm \times W600mm \times H2000mm$。

宜采用 H 型钢材材质，承载宜 $\geq 300kg/$ 层。

整体宜采用组合式结构，并采用两排背靠背布局，货架宜设计为 4 层。

C.2.4.3 图示

搁板式货架如图 C.9 所示。

图 C.8　线缆盘存储架

图 C.9　搁板式货架

C.2.5 重型托盘堆垛机立体存储货架

C.2.5.1 适用物料和用途

宜用于托盘单元式存放的中大件物资的密集存储。物资码盘重量宜 $\leq 3500kg$。

主要由重型堆垛机、立体货架和控制软件组成。堆垛机是立体仓库中常用的起重运输设备，在立体货架巷道内穿梭搬运货物。可根据仓库实际布局合理配置单伸位货叉或双伸位货叉的堆垛机。

宜安装在室内库房内。库房形状宜为长方形（长宽比大于 2，长度宜 $\geq 60m$）。建

筑净高度宜 ≥ 9m。

可配套叉车、输送机等设备进行物资的接驳搬运。

C.2.5.2　技术参数要求

可满足 L1200mm × W1000mm、L2000mm × W1450mm 等常用规格托盘单元式存放的物料。

堆垛机载重宜为 1000~3500kg。

货架宜 ≥ 3 层。

堆垛机本体关键技术参数：最大负荷垂直起重速度宜 ≥ 20m/min，最大负荷垂直起重加速度宜 ≥ 0.5m/s^2，最大水平运行速度宜 ≥ 100m/min，最大水平运行加速度宜 ≥ 0.5m/s^2，货叉伸缩最大速度宜 ≥ 20m/min，货叉伸缩最大加速度宜 ≥ 0.3m/s^2。

C.2.5.3　效率说明

堆垛机的效率与堆垛机本身的运动性能、承载货物重量、货架巷道长度、货架层高等相关。

以承载 3.5t、L2000mm × W1450mm 托盘、货架巷道 60m、4 层货架为例，单台堆垛机的作业效率约为 30 托 /h。

C.2.5.4　图示

重型托盘堆垛机立体存储货架如图 C.10 所示。

图 C.10　重型托盘堆垛机立体存储货架

C.2.6　四向穿梭车立体存储货架

C.2.6.1　适用物料和用途

宜用于托盘单元式存放的中小件物资的密集存储。物资码盘重量宜 ≤ 1000kg。

主要由四向穿梭车、立体货架和控制软件组成。货架上加装有高精度导轨，导轨兼具货物输送及货物存储功能，穿梭车可以沿着货架轨道实现纵向与横向行走，完成货物在货架系统内的水平移动和存取作业。

宜安装在室内库房内。库房形状宜为方形（长宽比小于 2）。建筑净高度宜 ≥ 7m。

可配套叉车、输送机、提升机等设备进行物资的接驳搬运。

C.2.6.2　技术参数要求

可满足尺寸 $L1200mm \times W1000mm$ 常用规格托盘单元式存放的物料。

载重宜为 1000kg。

货架宜 ≥ 3 层。

四向穿梭车本体关键技术参数：最大行驶速度宜 ≥ 2m/s，最大加速度宜 ≥ 2m/s^2，换向时间宜 ≤ 2s，取放货时间宜 ≤ 1.4s，续航时间宜 ≥ 8h。

C.2.6.3　效率说明

四向穿梭车的效率与本身的运动性能、承载货物重量、货架布局下的平均行走距离和换向次数、平均每层布置的四向穿梭车数量等相关。可通过增加四向穿梭车的数量提高效率。以承载 1t、$L1200mm \times W1000mm$ 托盘、货架区域（长 60m、宽 60m）、每次取货换向 2 次、1 层 1 台车为例，单台四向穿梭车的作业效率约为 15 托 /h。

C.2.6.4　图示

四向穿梭车立体存储货架如图 C.11 所示。

图 C.11　四向穿梭车立体存储货架

C.2.7　全向堆高叉车存储货架

C.2.7.1　适用物料和用途

宜用于托盘单元式存放的中小件物资的密集存储。物资码盘质量宜 ≤ 1000kg。

主要由全向堆高叉车机器人、横梁式货架和控制软件组成。全向堆高叉车机器人可实现整进整出、整进散出、多容器混合,极窄行驶巷道 2.1m 大幅提升横向空间利用率,举升高度 0~8m 大幅提升纵向空间利用率。同时,结合智能仓储控制软件,可实现热点库位管理、闲时智能理货,出入库效率和流量大幅提升,是一种高效的存储拣选方案。

宜安装在室内库房内,建筑净高度宜 ≥ 5m。

可搭配地面托盘位或出入库工作站实现"托盘到人"自动搬运拣选。

C.2.7.2 技术参数要求

可满足尺寸 L1200mm × W1000mm 常用规格托盘单元式存放的物料。

载重宜为 1000kg。

货架宜 ≥ 3 层。

全向堆高叉车本体关键技术参数:最小通道宽度宜 ≤ 2.2m,最小通道宽度宜 ≤ 1.4m,最大行驶速度宜 ≥ 1.5m/s。

C.2.7.3 效率说明

全向堆高叉车的效率与本身的运动性能、承载货物重量、货架巷道长度、货架层高、搬运路径及距离等相关。

以承载 1t、L1200mm × W1200mm 托盘、货架巷道 20m、4 层货架、搬运距离 5m 为例,单台全向堆高叉车的作业效率约为 33 托 /h。

C.2.7.4 图示

全向堆高叉车存储货架如图 C.12 所示。

图 C.12 全向堆高叉车存储货架

C.3 装卸搬运设备

C.3.1 平板手动推车

C.3.1.1 适用物料和用途

宜用于人工短距离搬运轻型物料。

C.3.1.2 技术参数要求

载重宜为 100~500kg。

C.3.1.3 图示

平板手动推车如图 C.13 所示。

C.3.2 液压搬运叉车

C.3.2.1 适用物料和用途

宜用于短距离搬运较重型物料。

C.3.2.2 技术参数要求

载重宜为 2000~3000kg。

C.3.2.3 图示

液压搬运叉车如图 C.14 所示。

图 C.13　平板手动推车　　　　　　图 C.14　液压搬运叉车

C.3.3 电动叉车

C.3.3.1 适用物料和用途

宜用于室内成件托盘货物进行装卸、堆垛和短距离运输作业。

对环境比较好，低噪音，无尾气排放。

C.3.3.2 技术参数要求

载重宜为 1500~3000kg。

C.3.3.3 图示

电动叉车如图 C.15 所示。

图 C.15 电动叉车

C.3.4 内燃叉车

C.3.4.1 适用物料和用途

考虑到尾气排放和噪音问题，宜用于室外成件托盘货物进行装卸、堆垛和短距离运输作业。

具有很强的爬坡能力与地面适应能力。

C.3.4.2 技术参数要求

载重宜为 3000~5000kg。

C.3.4.3 图示

内燃叉车如图 C.16 所示。

C.3.5 载人取货堆高车

C.3.5.1 适用物料和用途

宜用于将小件物资送到人工无法存取的高层货架。

配合高层货架的使用，在一定程度上能代替叉车使用。

C.3.5.2 技术参数要求

宜选用站驾式；

载重宜为 500~1500kg；

提升高度宜为 2.5~6m。

C.3.5.3 图示

载人取货堆高车如图 C.17 所示。

图 C.16 内燃叉车

图 C.17 载人取货堆高车

C.3.6 起重机

C.3.6.1 适用物料和用途

宜用于大型或重型物资的吊装和搬运。

分为桥式起重机和门式起重机，具有载重量大的特点。

C.3.6.2 技术参数要求

具备安装条件的室内库房，起吊质量宜≥ 5t；库房外新增行车起吊质量宜为 10~20t。

C.3.6.3 图示

起重机如图 C.18 所示。

图 C.18 起重机

C.3.7 重型自装卸叉车

C.3.7.1 适用物料和用途

宜用于 3t 以内变压器、箱柜等重型物资从车辆车板至地面或输送线自动装卸作业。

由平衡重叉车本体、自动识别装置等组成，具备自动识别物资坐标、自动导航、自动叉取物资的功能。

C.3.7.2 技术参数要求

载重宜采用 3000kg。

C.3.7.3 图示

重型自装卸叉车如图 C.19 所示。

图 C.19 重型自装卸叉车

C.3.8 桁架机器人

C.3.8.1 适用物料和用途

宜用于 3t 以内变压器、箱柜等物资从车辆车板至地面或输送线自动装卸作业。

由桁架机器人行走轴、自适应夹取装置、自动识别装置等组成，可以精确识别并叉取物资。

C.3.8.2 技术参数要求

载重宜采用 2000kg。

C.3.8.3　图示

桁架机器人如图 C.20 所示。

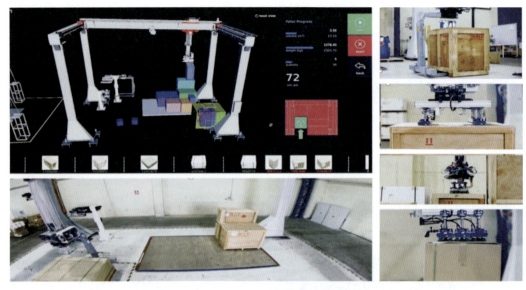

图 C.20　桁架机器人

C.3.9　全向自装卸叉车

C.3.9.1　适用物料和用途

宜用于 1t 以内较轻型物资从车辆车板至地面或输送线自动装卸作业。

由全向堆高叉车本体、自动识别装置等组成，具备自动识别物资坐标、自动导航、自动叉取物资的功能。

C.3.9.2　技术参数要求

载重宜采用 1000kg。

C.3.9.3　图示

全向自装卸叉车如图 C.21 所示。

C.3.10　智能行车

C.3.10.1　适用物料和用途

宜用于电力电缆、架空绝缘导线、箱式变电站、环网箱等重型物资自动化装卸搬运。

由行车本体、自动识别装置、自动夹具等组成，可以自动识别并吊装大件重型物资。

图 C.21　全向自装卸叉车

C.3.10.2 技术参数要求

具备安装条件的室内库房，起吊重量宜 ≥ 5t；库房外新增行车起吊质量宜为 10~20t。

C.3.10.3 图示

智能行车如图 C.22 所示。

图 C.22 智能行车

C.3.11 自动搬运 AGV 叉车

C.3.11.1 适用物料和用途

宜用于 3t 以内托盘单元式存储从地面至输送线自动搬运作业。

由叉车本体、自动导航装置等组成，可以点对点自动搬运托盘单元式存储的物资。

C.3.11.2 技术参数要求

载重宜采用 3500kg。

C.3.11.3　图示

自动搬运 AGV 叉车如图 C.23 所示。

图 C.23　自动搬运 AGV 叉车

C.3.12　背驮式 AGV

C.3.12.1　适用物料和用途

宜用于室内平置区 1t 以内轻型物资搬运作业。

由 AGV 小车本体、导航装置、顶升装置等组成，可以点对点自动顶升搬运托盘单元式存储或定制顶升轻型货架存储的物资。

C.3.12.2　技术参数要求

载重宜采用 1000kg。

C.3.12.3　图示

背驮式 AGV 如图 C.24 所示。

图 C.24　背驮式 AGV

注：兼容 N 种生产载具。

C.3.13 全向搬运叉车机器人

C.3.13.1 适用物料和用途

宜用于完成室内平置区 1t 以内物资搬运及与输送线接驳作业。

由全向搬运叉车本体、自动导航装置等组成，可以点对点自动搬运托盘单元式存储的物资。

C.3.13.2 技术参数要求

载重宜采用 1000kg。

C.3.13.3 图示

全向搬运叉车机器人如图 C.25 所示。

图 C.25 全向搬运叉车机器人

C.4 实物 ID 信息采集及盘点设备

C.4.1 手持终端

C.4.1.1 适用物料和用途

手持终端宜用于人工对物资条码进行扫描，办理出入库及盘点业务。

C.4.1.2 技术参数要求

宜支持条形码、二维码、RFID 等多种类型条码识读。

C.4.1.3 图示

手持终端如图 C.26 所示。

C.4.2 射频识别门

C.4.2.1 适用物料和用途

宜用于自动识别物资 RFID 标签信息，办理出入库及盘点业务。

图 C.26　手持终端

通过无线射频信号实现非接触方式下的对目标对象的 RFID 标签信息进行批量识别。

C.4.2.2　技术参数要求

宜能至少满足整托盘单元上所有物资的 RFID 标签的自动批量识读。

C.4.2.3　图示

射频识别门如图 C.27 所示。

图 C.27　射频识别门

C.4.3　DWS 自动扫码系统

C.4.3.1　适用物料和用途

宜用于物资自动组盘，通过采集物资尺寸、重量，扫描物资身份码、容器码实现三码绑定。

系统包括固定机构、输送线和扫码机构，其中，扫码机构用于物资身份码、容器码自动扫码和关联绑定，在辊筒输送带同侧安装多个 CCD 图像识别摄像头和 RFID 识别装置，当输送线将物资输送至扫描区时，光电传感器感应触发扫码装置工作，完成自动组盘作业。

C.4.3.2　技术参数要求

宜能满足一维码、二维码及 RFID 标签的自动扫描。

C.4.3.3　图示

DWS 自动扫码系统如图 C.28 所示。

图 C.28　DWS 自动扫码系统

C.4.4　图像智能盘点设备

C.4.4.1　适用物料和用途

宜用于通过图像识别比对实现物资盘点。

通过对仓库行车、堆垛机等物流设备加装智能高清摄像头，通过前端摄像头自动收集库区物资上的图像信息，对历史图像数据信息比对分析，统计生成盘点报告，辅助工作人员完成物资盘点工作。

C.4.4.2　技术参数要求

宜能采用图像识别算法比对物资图像特征向量，实现自动盘点。

C.4.4.3　图示

图像智能盘点设备如图 C.29 所示。

C.4.5　重量智能盘点设备

C.4.5.1　适用物料和用途

宜用于通过重量感应比对实现物资盘点。

建立库区仓位、存储容器、物资与重量之间的关联规则，对仓库内叉车、输送线加装高精度重量传感器，通过比对物资在库前后重量差异，确认物资身份、数量等信息，统计生成盘点报告。

任务编号：202104140260	结果生成时间：2021-04-14 19:21:18	仓位编号：A01-021205
盘点结果：16	任务类型：堆垛机盘点	

VS

行车识别

图 C.29　图像智能盘点设备

C.4.5.2　技术参数要求

宜在叉车或者输送线改造增加重量传感器比对物资重量特征，实现自动盘点。

C.4.5.3　图示

重量智能盘点设备如图 C.30 所示。

图 C.30　重量智能盘点设备

C.4.6 盘点无人车

C.4.6.1 适用物料和用途

宜用于室内物资自主移动扫码盘点。

由信息采集装置和自动导引车等组成，自动采集、识别物资身份码、容器码、货位等和物资特征信息，快速获取物资身份、数量、货位等存储信息，对数据信息进行归类整理、比对分析，准确快速地生成物资盘点报告。

C.4.6.2 技术参数要求

宜能采用图像识别、条码识别等技术实现物资身份码、容器码等特征信息。

C.4.6.3 图示

盘点无人车如图 C.31 所示。

图 C.31 盘点无人车

C.5 输送与拣选设备

C.5.1 辊筒输送机

C.5.1.1 适用物料和用途

宜用于托盘单元式物资的长距离输送，多向输送可配套链式输送机实现横向和纵向输送。

由辊子、机架、支架、驱动部分等组成，能够输送单件重量很大的物料，或承受较大的冲击载荷。

C.5.1.2 技术参数要求

单段输送长度宜 ≤ 6m。

载重宜为 1000~3500kg，具体依照立体货架设计承载而定。

输送速度宜≤ 12m/min。

C.5.1.3　图示

辊筒输送机如图 C.32 所示。

图 C.32　辊筒输送机

C.5.2　链式输送机

C.5.2.1　适用物料和用途

宜用于托盘单元式物资的长距离输送，多向输送可配套辊筒输送机实现横向和纵向输送。

由链条、机架、支架、驱动部分等组成，链条上的滚子与轨道是以滚动接触，摩擦阻力小，动力损耗低且可承载较重的荷重。

C.5.2.2　技术参数要求

单段输送长度宜≤ 6m。

载重宜为 1000~3500kg，具体依照立体货架设计承载而定。

输送速度宜≤ 12m/min。

C.5.2.3　图示

链式输送机如图 C.33 所示。

图 C.33　链式输送机

C.5.3　带式输送机

C.5.3.1　适用物料和用途

宜用于周转箱单元式小型零散物资传输，或者作为出入库的上下货平台和小件零散物资拣选平台使用。

由输送带、张紧滚筒、机架、支架、驱动部分等组成，能够长距离快速连续输送物资。

C.5.3.2　技术参数要求

单段输送长度宜≤12m。

载重宜≥50kg，具体依照立体货架设计承载而定。

输送速度宜≤36m/min。

C.5.3.3　图示

带式输送机如图 C.34 所示。

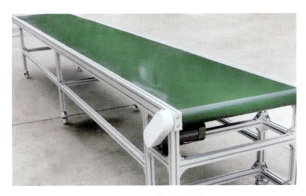

图 C.34　带式输送机

C.5.4　线缆分拣机器人

C.5.4.1　适用物料和用途

宜用于不同规格的线缆的定制化裁剪。

集线缆自动放线、排线、收线、计米、剪切于一体，解决重型线缆分切出库时，传统人工作业存在的劳动强度高、线缆盘破环程度大、安全不可控等问题。

C.5.4.2　技术参数要求

宜能适应盘径范围 1250~2800mm、盘宽 950~2100mm、电缆直径 20~100mm 的线缆的自动复绕、剪切。

C.5.4.3　图示

线缆分拣机器人如图 C.35 所示。

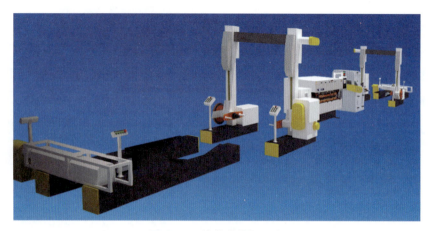

图 C.35　线缆分拣机器人

C.5.5　视觉拆码垛机械手系统

C.5.5.1　适用物料和用途

宜适用于对单元化包装整箱物资自动拆盘、码盘。

由视觉识别系统、夹具快换系统、机械手本体等部分组成，按设定程序、轨迹和要求进行自动抓取、搬运和操作。

C.5.5.2　技术参数要求

负载宜 ≥ 60kg。

机械臂轴数宜为 4 轴或 6 轴。

C.5.5.3　图示

视觉拆码垛机械手系统如图 C.36 所示。

纸箱物资（避雷器、
电缆附件、断路器等）

图 C.36　视觉拆码垛机械手系统

C.5.6　视觉无序拣选机械手系统

C.5.6.1　适用物料和用途

宜用于单元化包装小件物资自动拆零拣选。

视觉无序拣选机械手系统由视觉系统、吸具快换系统、机械手本体等组成，可根据拣选物料属性自动跟换吸取、夹取、磁吸等夹具。

C.5.6.2　技术参数要求

负载宜 ≥ 15kg。

拣选作业的对象长、宽、高尺寸范围宜在 30~300mm，质量范围宜在 5~15kg。

C.5.6.3　图示

视觉无序拣选机械手系统如图 C.37 所示。

铜铝件、玛钢件
（持续金具、耐张
线夹、拉线金具、
联结金具等物资）

图 C.37　视觉无序拣选机械手系统

C.6　包装设备

C.6.1　纸箱打包贴标机器人

C.6.1.1　适用物料和用途

宜用于按照单元化包装要求，采用纸箱形式完成对入库物资二次包装作业。

纸箱打包贴标机器人可自动完成开箱、成形、下底折叶折曲、上盖自动折入、封箱、贴标等一系列动作，该系统可将叠成纸板的箱板自动打开，箱子底部按一定程序折合并用胶带密封后输送至组盘系统的专用设备。

C.6.1.2　技术参数要求

宜能适应长、宽、高尺寸在 600mm 以内的各种规格的纸箱。

C.6.1.3　图示

纸箱打包贴标机器人如图 C.38 所示。

C.6.2　覆膜打包贴标机器人

C.6.2.1　适用物料和用途

宜用于按照单元化包装要求，采用托盘缠绕膜形式完成对出库物资二次包装作业。

覆膜打包贴标机器人自动实现托盘四周缠膜及顶部覆膜，通过全自动转台实现在线式作业，适应自动化流水作业的需求。

C.6.2.2　技术参数要求

适用托盘尺寸宜至少包括 1200mm × 1000mm。

图 C.38　纸箱打包贴标机器人

C.6.2.3　图示

覆膜打包贴标机器人如图 C.39 所示。

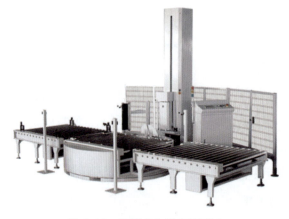

图 C.39　覆膜打包贴标机器人

C.7　计重计量设备

C.7.1　地磅

C.7.1.1　适用物料和用途

宜用于室外物资验收、称重，需要将载货车辆和所载物料一同称重。

主要由承重传力机构（秤体）、高精度称重传感器、称重显示仪表等主件组成，也被称为汽车衡，为设置在地面上的大磅秤，通常用来称卡车的载货吨数。

C.7.1.2　技术参数要求

量程宜为 0~50t。

C.7.1.3　图示

地磅如图 C.40 所示。

图 C.40　地磅

C.7.2　电子台秤

C.7.2.1　适用物料和用途

宜用于小件物资验收、称重。

由秤体、立杆、和显示仪表共同组成的衡器，可移动作业。

C.7.2.2　技术参数要求

量程宜为 0~100kg。

C.7.2.3　图示

电子台秤如图 C.41 所示。

C.7.3　液压叉车电子秤

C.7.3.1　适用物料和用途

宜用于托盘单元式存放的物资便捷验收、称重。

由液压叉车、称体和显示仪表组成，是搬运和称重同时作业的电子秤。

C.7.2.2 技术参数要求

量程宜为 0~2t。

C.7.2.3 图示

液压叉车电子秤如图 C.42 所示。

图 C.41 电子台秤　　　　　　图 C.42 液压叉车电子秤

C.8 封样及送样设备

C.8.1 盲样机械臂

C.8.1.1 适用物料和用途

宜用于设备类物资检储联动自动封样。

针对设备类物资，在立体库输送线配置盲样机械臂，抽检物资自动下架至盲样工位，系统自动接收盲样任务后根据视觉识别出的铭牌位置，机械手自动去吸取标签纸并覆盖在识别的铭牌上，同时可借助搬运 AGV 叉车自动转运至对应样品暂存区，实现取样、封样、送样的全过程无人化作业，保证样品的真实性、唯一性和封样规范性。

C.8.1.2 技术参数要求

机械臂负载宜大于 12kg；宜具备视觉技术准确识别物资铭牌位置。

C.8.1.3 图示

盲样机械臂如图 C.43 所示。

C.8.2 协助机械臂 AGV

C.8.2.1 适用物料和用途

宜用于中小件物资检储联动自动送样。

　　针对材料类物资，在抽检区建设盲样制作区，人工将盲样制作后放置于盲样盒中（尺寸可根据检测需求定制），由协作机器人 AGV 拿取并搬运至对应的检测工位。

C.8.2.2　技术参数要求

机械臂负载宜大于 15kg。

C.8.2.3　图示

协助机械臂 AGV 如图 C.44 所示。

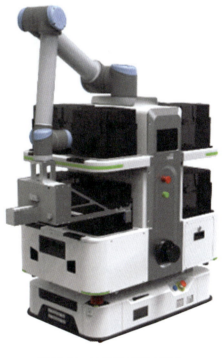

图 C.43　盲样机械臂　　　　　　　图 C.44　协助机械臂 AGV

C.9　辅助设施设备

C.9.1　RFID 标签打印机

C.9.1.1　适用用途

宜用于按管理及业务需要制作物资身份码、容器码及仓位码标签。

RFID 标签打印机是一种特殊的打印设备，它不仅能够像普通的标签打印机那样在标签上打印文字、图案等信息，还能够将 RFID 芯片的数据写入标签中。

C.9.1.2　技术参数要求

宜能制作条形码、二维码、RFID 标签多种形式的标签。

C.9.1.3 图示

RFID 标签打印机如图 C.45 所示。

图 C.45 RFID 标签打印机

C.9.2 货架倾角传感器

C.9.2.1 适用用途

宜用于货架倾斜角度变化监测。

通过物联网倾角传感器，将传感器四角固定在货架重点监测区域，全方位监测货架的角度变化，对于存在倾翻可能性的货架进行预警，及时发现形变货架。

C.9.2.2 技术参数要求

测量范围 0~360°；分辨率 ≥ 0.001°；精度 ≥ 0.05°。

C.9.2.3 图示

货架倾角传感器如图 C.46 所示。

图 C.46 货架倾角传感器